JOSEF GUTER

Das Leben wird vorwärts gelebt und rückwärts verstanden

JOSEF GUTER

Das Leben wird vorwärts gelebt und rückwärts verstanden

Mit Literatur durchs Jahr

PAUL NEFF VERLAG

Ein Band in der Reihe
KLEINE NEFF-BREVIERE

Der Einband zeigt das Gemälde „Regenlandschaft"
von Wilhelm Busch
© Artothek

Printed in Austria
ISBN 3-7014-0290-6

Umschlaggestaltung: Graupner & Partner, München
Satz: Teamsatz, Neudrossenfeld
Druck und Bindung: Wiener Verlag, Himberg bei Wien

1. TAG

Jeder wünscht zum neuen Jahr!
Aber würde alles wahr,
Dann erst wär' es um die Welt,
Glaubt es, jämmerlich bestellt!
Wollet Ihr die Welt verbessern,
(Bloße Wünsche tun es nie,
Spiele sind's der Phantasie!)
Wollet Ihr die Welt verbessern,
Fange jeder an bei sich,
Denn der Mittelpunkt der größern
Welt ist jeglichem sein Ich...

HEINRICH ZSCHOKKE

2. TAG

Alles fügt sich
Und erfüllt sich,
Mußt es nur erwarten können
Und dem Werden deines Glückes
Jahr und Felder reichlich gönnen.
Bis du eines Tages jenen
Reifen Duft von Körnern spürst
Und dich aufmachst
Und die Ernte
In die tiefen Speicher fährst.

CHRISTIAN MORGENSTERN

3. TAG

Der Mensch bekam von Gott das Geburtsrecht verliehen, in jeder Beziehung reich zu sein.
Dies bedeutet, daß Sie auf Erden sind, um in allen Bereichen größtmögliche Lebensfülle zu erlangen. Sie sind dazu da, ein schönes, glückliches und heiteres, mit anderen Worten ein wirklich erfülltes Leben zu führen.
Es ist Ihr Anrecht und der eigentliche Sinn Ihres Daseins. Erkennen Sie, daß die mit unermeßlichen Reichtümern angefüllte Schatzkammer des Unendlichen sich in den Tiefenschichten Ihres eigenen Unterbewußten befindet. Beginnen Sie damit, in dieser „Goldmine" zu schürfen.

JOSEPH MURPHY

4. TAG

Was man andern voraus hat an Gesundheit, Talenten, Fähigkeiten, Erfolg, einer glücklichen Kindheit, an harmonischen häuslichen Verhältnissen – alles das darf man nicht als selbstverständlich und nur sich selbst gehörig betrachten. Man muß für sein begünstigtes Geschick dankbar sein und dafür andern etwas abgeben, etwas opfern.

FULTON OURSLER

5. TAG

Eine Stunde konzentrierter Arbeit
hilft mehr, deine Lebensfreude anzufachen,
deine Schwermut zu überwinden
und dein Schiff wieder flottzumachen,
als ein Monat dumpfen Brütens.

Benjamin Franklin

6. TAG

Leben und Tod sprechen

So spricht das Leben:
Die Welt ist mein,
Mich preisen die Blumen und Vögelein,
Ich bin der Tag und der Sonnenschein.
So spricht das Leben:
Die Welt ist mein.

So spricht der Tod:
Die Welt ist mein.
Dein Leuchten ist nur eitel Pracht,
Sinkt Stern und Mond in ewige Nacht.
So spricht der Tod:
Die Welt ist mein.

So spricht das Leben:
Die Welt ist mein,
Und machst du Särge aus Marmelstein,
Kannst doch nicht sargen die Liebe ein.
So spricht das Leben:
Die Welt ist mein.

So spricht der Tod:
Die Welt ist mein.
Ich habe ein großes Grab gemacht,
Ich habe die Pest und den Krieg erdacht.
So spricht der Tod:
Die Welt ist mein.

So spricht das Leben:
Die Welt ist mein,
Ein jedes Grab muß ein Acker sein.
Mein ewiger Samen fällt hinein.
So spricht das Leben:
Die Welt ist mein.

Unbekannter Dichter

7. TAG

Sage dir immer: ich kann wenn noch so einsam, an allen Orten glücklich sein; denn glücklich ist, wer sich selbst ein glücklich Los bereitet, dies ist: gute Gemütsstimmung, gute Neigungen, gute Handlungen.

Mark Aurel

8. TAG

Nichts leichter als zu richten,
anzuklagen und zu verdammen – das kann jeder.
Aber verstehen und vergeben –
dazu gehört Charakter
und Selbstzucht.

DALE CARNEGIE

9. TAG

Jeder, der in sich fühlt, daß er etwa Gutes wirken kann, muß ein Plagegeist sein. Er muß nicht warten, bis man ihn ruft; er muß nicht achten, wenn man ihn fortschickt; er muß sein, was Homer an den Helden preist: Er muß sein wie eine Fliege, die, verscheucht, den Menschen immer wieder von einer andern Seite anfällt.

JOHANN WOLFGANG VON GOETHE

10. TAG

Wer seinen Geist froh hält
und an allen Dingen
nur die gute Seite sieht,
wer sich nie geistig unterkriegen läßt,

sondern immer den Kopf oben
und den Mut im Herzen behält,
der setzt jene feinen stillen Kräfte
in Bewegung, die ihm jeden Schritt
im Leben leichter machen.

RALPH WALDO TRINE

11. TAG

Langsam, Schritt für Schritt die Treppe weiter hinauf! Wahrlich, die Welt bietet nicht solch ein Übermaß von Genüssen, daß man sie in Sprüngen überfliegen dürfte. Und ist nicht jede Stufe, die man augenblicklich aufwärtssteigend betritt, ein Glück? Und ist nicht der Treppenabsatz, auf dem man einen Moment stillhält und sich nochmals faßt, eine Seligkeit?

WILHELM RAABE

12. TAG

Man sollte alle Tage
wenigstens ein kleines Lied hören,
ein gutes Gedicht lesen,
ein treffliches Gemälde sehen und,
wenn es möglich zu machen wäre,
einige vernünftige Worte sprechen.

JOHANN WOLFGANG VON GOETHE

13. TAG

Wer den Handelnden verurteilt, verurteilt die Fruchtbarkeit. Handeln heißt erzeugen: jedes Handeln bedeutet das Werden eines Neuen, das noch nicht da war. Je mehr wir handeln, um so produktiver sind wir, um so mehr leben wir. Alles Irdische kann sich nur durch ständige Neugeburt am Leben erhalten.

Marquis Luc de Clapiers de Vauvenargues

14. TAG

Es ist die Pflicht des Menschen, durch seine Haltung die Würde der Menschheit zu wahren – nicht nur um seiner selbst willen, sondern auch, weil er für die andern verantwortlich ist. Der Mensch, der sich verkleinert, setzt nicht nur seinen eigenen Wert herab, sondern den der ganzen Menschheit. Der Mensch erkennt sich als groß, wo er große Menschen sieht, und je echter solch Bild der Größe ist, desto leichter ist es für uns, groß zu sein.

Rabindranath Tagore

15. TAG

Das Leben hat mich gelehrt, daß alles auf die Menschen ankommt, nicht auf die sogenannten Verhältnisse. Die Menschen, in neunundneunzig Fällen von hundert, machen diese. Auch wenn sie sich ungünstig gestalten, werden sie durch das, was wir in uns haben, doch schließlich besiegt.

THEODOR FONTANE

16. TAG

Beim Arbeiten gilt es, Schwierigkeiten zu überwinden, gilt es, Opfer zu bringen. Das aber ist immer wieder nichts anderes als der soziale Geist selbst, der dem Menschen nicht verbietet, nach dem eigenen Glück zu langen und zu greifen, der ihn aber fähig macht, willig und freudig auf das Glück verzichten und Opfer bringen zu können zu Gunsten anderer, zum Wohle des Ganzen. Und darum ist das Problem der sozialen Frage kein anderes als das: ob es möglich sei, die Menschheit mit diesem sozialen Geist zu durchdringen und zu diesem Geiste zu erziehen, sie mit *einem* Wort sittlich zu machen.

THEOBALD ZIEGLER

17. TAG

Ob man traurig oder heiter gestimmt ist,
die Dinge gehen ihren Gang.
Und ein Ereignis
mag gut oder schlecht sein,
man muß es hinnehmen
und seinen Ärger herunterschlucken,
wenn einem das Glück zuwider ist.

Friedrich der Grosse

18. TAG

Ich bitte nicht um Glück auf Erden;
Nur um ein Leuchten dann und wann:
Daß sichtbar deine Hände werden,
Ich deine Liebe ahnen kann.
Nur in des Lebens Kümmernissen
Um der Ergebung Gnadengruß –
Dann wirst du schon am besten wissen,
Wieviel ich tragen kann und muß.

Annette von Droste-Hülshoff

19. TAG

Als der Stein vom Feuerstrahl angeschlagen wurde, wunderte er sich sehr und sagte mit strenger Stimme zu ihm: „Welcher Wahn treibt dich, mich zu quälen? Tu mir nicht länger weh, denn du irrst dich in mir: niemand tat ich etwas zuleide."
Darauf antwortete der Feuerstrahl: „Bist du geduldig, so sollst du sehen, welch ein Wunderbares aus dir hervorgeht."
Auf diese Worte gab sich der Stein zufrieden, erduldete geduldig die Schläge und ward gewahr, wie aus ihm das wunderbare Feuer entsprang.
So läßt auch Gott oft durch Schicksalsschläge die Heilige Flamme in uns aufspringen!
Alle Seelen stammen von der Sonne.
Der Herr, das Licht aller Dinge, wird die Gnade haben, mich, den Erforscher des Lichtes, zu erleuchten.

LEONARDO DA VINCI

20. TAG

Wenn du nicht die Sonne bist,
stirbt der Kranke vor dem Tore,
stirbt die Rose vor dem Flore,
stirbt der Falter vor der Frist.
Wenn du nicht die Sonne bist.

STEFAN GEORGE

21. TAG

Der Mensch, der keine Zeit hat,
kann schwerlich Glück haben.
Notwendig verschließen sich ihm große Quellen
und Mächte wie der Muße, des Glaubens,
der Schönheit in Kunst und Natur.

ERNST JÜNGER

22. TAG

Welch köstliche Aufgabe ist es doch, ein Erdenmensch zu sein! Wieviel Schönes sieht man, welche qualvoll süßen Empfindungen werden im Herzen wach bei der stillen, andächtigen Betrachtung all des Herrlichen und Wunderbaren! Gewiß, es gibt mitunter auch schwere Stunden, in denen wütender Haß aufquillt, bitterer Gram gierig am Herzen saugt; aber sie gehen vorüber, und schließlich hat ja auch die Sonne nicht immer ihre Freude an den Menschen, auf die sie herabscheint, ja, oft bereiten sie ihr bitteren Kummer: da hat sie sich geplagt und abgemüht für sie alle, und sie sind doch mißraten.

MAXIM GORKI

23. TAG

Wenn Sie Ihr Denken beherrschen, beherrschen Sie Ihre Welt. Wenn Sie Ihre Gedanken bestimmen, bestimmen Sie Ergebnisse. Ihre persönliche Welt wird von Ihren Gedanken und Empfindungen viel stärker beeinflußt, als sie glauben. Sie reagiert wie ein Kompaß auf Ihre Vorlieben und Abneigungen. Wenn sich die Richtung Ihres Denkens ändert, ändert sich die Richtung Ihres Lebens.

CATHERINE PONDER

24. TAG

Es blitzt ein Tropfen Morgentau
Im Strahl des Sonnenlichts,
Ein Tag kann eine Perle sein
Und ein Jahrhundert nichts.

GOTTFRIED KELLER

25. TAG

Wenn sich's begibt, daß zwei Ziegen einander begegnen auf einem schmalen Steg, der über ein Wasser geht, wie halten sie sich? Sie können nicht wieder hinter sich gehen, so mögen sie auch nicht nebeneinander hinge-

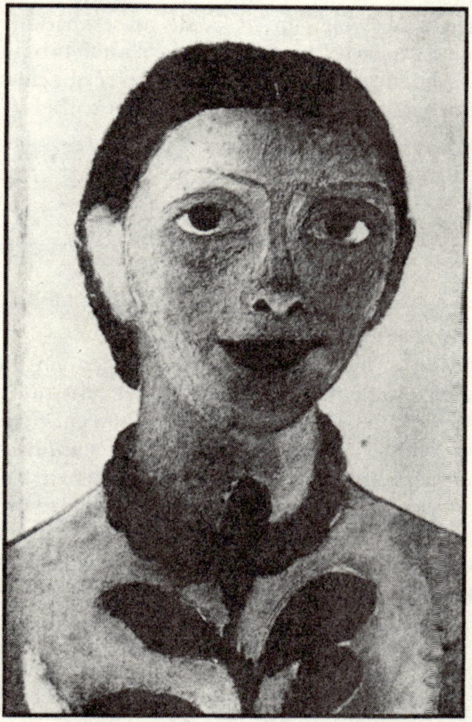

Paula Modersohn-Becker

hen, der Steg ist zu eng. Sollten sie denn einander stoßen, so möchten sie beide ins Wasser fallen und ertrinken. Wie tun sie denn? Die Natur hat ihnen gegeben, daß sich eine niederlegt und läßt die andere über sich hingehen; also bleiben sie beide unbeschädigt. Also sollte ein Mensch gegen dem andern auch tun und auf ihm lassen mit Füßen gehen, ehe denn er mit einem andern sich zanken, hadern und kriegen sollte!

Martin Luther

26. TAG

Wenn es dir möglich ist, einer einzigen im Dunkel irrenden Seele ein Licht zu entzünden, einem Betrübten die sonnige Seite des Lebens zu zeigen, einem andern die höhere und edlere Lebensanschauung zu geben, einem Mitmenschen zu helfen, daß er ein besserer Mensch werde, einem Mühsamen und Beladenen die Lasten zu erleichtern, mit auch nur einem kleinen Funken die Liebe der Welt zu bereichern, dann hast du nicht vergebens gelebt.

Jack London

27. TAG

Ehren wir die Freiheit.
Arbeiten wir für den Frieden.
Halten wir uns an das Recht.
Dienen wir unseren inneren Maßstäben.

Richard von Weizsäcker

28. TAG

Von der Art des Denkens hängt alles ab.
Vom Denken geht alles aus,
wird alles gelenkt und geschaffen.
Wer schlecht redet oder handelt,
dem folgt Leid
wie das Rad den Hufen des Zugtiers.

BUDDHA

29. TAG

Das bewußte Denken unterscheidet sich vom unbewußten und traumhaften Denken wie die Kantilene von der Fuge. Das Bewußte besteht darin, daß eine der Stimmen – der Gedanke – vom Willen hervorgehoben und losgelöst wird, so daß die anderen Stimmen als leise Begleitung verblassen. Das Unbewußte denkt die verschiedenartigsten Elemente mit gleicher Intensität zu gleicher Zeit.

WALTHER RATHENAU

30. TAG

Die Berge Tai Hing und Wang Wu erstrecken sich über ein Gebiet von siebenhundert Li. Ihre Höhe mißt zehntausend Jen. Es heißt, daß sich diese Berge ursprünglich im Süden von Gi Dschou, nördlich von Ho Yang befanden. Es wohnte dort ein einfältiger alter Mann von neunzig Jahren, der es sehr bedauerte, daß die Nordkette dieser Berge jeden Zugang und Abgang versperrte. So ließ er eines Tages seine 28 Angehörigen kommen und sagte: „Könnten wir nicht versuchen, diese Berge mit gemeinsamer Kraft abzutragen, und uns dadurch einen Weg nach Han Yin schaffen?“ Alle willigten ein, nur seine Frau äußerte Zweifel und meinte: „Deine Kraft reicht doch nicht einmal mehr aus, einen Haufen Erde fortzuschaffen, wie kannst du da von zwei so hohen Bergen sprechen? Und wohin wollt ihr denn die Erde und die Steine geben?“ Die anderen sagten: „Wir können sie an das Ufer des Gelben Meeres im Norden des dunklen Landes bringen!“

Der Alte führte seine Söhne und Enkel hierauf an die Arbeitsstätte, und es wurde sogleich begonnen, Steine zu zerschlagen und Erde fortzuschaufeln. Man warf dann alles in große Körbe und brachte diese an das Ufer des Gelben Meeres. Selbst der nachgeborene Sohn einer Witwe, der erst begann, die Zähne zu wechseln, kam herbeigelaufen und versuchte zu helfen.

Als der Winter in den Sommer übergegangen war, gingen sie alle zum ersten Male nach Hause. An der Biegung des Flusses begegneten sie einem alten Weisen. Der lachte sie aus und wollte sie bereden, mit ihrer Arbeit aufzuhören. „Du bist doch wirklich furchtbar dumm!“ sagte er zu dem Alten. „Du bist so gebrechlich, daß dir nicht einmal Kraft bleibt, einen Grashalm auf diesem Berge auszureißen, was willst du also mit den Felsen beginnen?“

Der einfältige Alte seufzte und erwiderte: „Dein Herz ist so hart, so hart, daß es unmöglich ist, es zu bewegen. Ich habe mehr von dem schwachen kleinen Knaben der Witwe als von dir! Überlege doch! Nach meinem Tode sind doch noch meine Söhne am Leben. Meine Söhne setzen Enkel in die Welt, diese Enkel setzen wieder Söhne in die Welt und deren Söhne und Enkel ohne Aufhören! Diesen zwei Bergen da, denen wird nichts zugefügt. Warum sollte es also zu beschwerlich sein, sie dem Erdboden gleichzumachen?"

Der alte Weise an der Flußbiegung schwieg. Er vermochte es nicht, ihm darauf eine Antwort zu geben.

Liä Dse

31. TAG

Der Mensch vermag nicht das Große,
er vermag nur das Kleine.
Und das Kleine ist wichtiger als das Große.
Wir können viel Gutes tun in der Welt,
wenn wir bescheiden sind.

Friedrich Dürrenmatt

32. TAG

In anderer Glück sein eigenes finden
ist dieses Lebens Seligkeit,
und anderer Menschen Wohlfahrt gründen
schafft göttliche Zufriedenheit.

Christoph Martin Wieland

33. TAG

Wenn ich mit Menschen- und Engelzungen redete, hätte aber die Liebe nicht, so wär' ich nur ein tönendes Erz oder eine klingende Schelle. Wenn ich alle meine Habe den Armen austeilte, und wenn ich meinen Leib den Flammen preisgäbe, hätte aber die Liebe nicht, so wäre ich nichts. Die Liebe ist langmütig, die Liebe ist gütig, die Liebe ist nicht eifersüchtig. Sie prahlt nicht, überhebt sich nicht, sie handelt nicht unschicklich, sucht nicht das Ihre, kennt keine Erbitterung, trägt das Böse nicht nach. Am Unrecht hat sie kein Gefallen, mit der Wahrheit freut sie sich. Alles trägt sie, alles glaubt sie, alles hofft sie, alles duldet sie. Die Liebe hört niemals auf.

BIBEL, 1. KOR. 13

34. TAG

Das sicherste Mittel,
ein freundliches Verhältnis zu heben und zu pflegen,
finde ich darin,
daß man sich wechselweise mitteile,
was man tut;
denn die Menschen treffen viel mehr zusammen
in dem, was sie tun,
als in dem, was sie denken.

JOHANN WOLFGANG VON GOETHE

35. TAG

Des Lebens Weckruf,
der heute in dem jauchzenden Geschrei
und fröhlichen Singen der Kinder
um mich her zu mir kommt,
erweckt ein Echo in meinem Herzen,
und ich fühle, daß sie die wahren Stimmen
der Schöpfung sind, der Schöpfung,
in deren innerstem Herzen der Geist
des Kindes sein Nest hat.

RABINDRANATH TAGORE

36. TAG

Wir müssen unserem Geist alle möglichen Formen geben. Er ist ein Feuer, das Gott uns anvertraut hat; wir müssen es aufrechterhalten mit dem Kostbarsten, das wir finden können. Wir müssen jeder erdenklichen Erscheinung zu unserem Wesen Zutritt gewähren, alle Pforten unserer Seele öffnen, den Wissenschaften wie den Gefühlen. Vorausgesetzt, daß all dies nicht wie ein Mischmasch in die Seele eindringt, ist Platz in ihr für eine ganze Welt.

VOLTAIRE

37. TAG

Wie viele Freuden gewährt nicht schon allein die richtige Wertschätzung der Dinge! Wie oft gründet sich das Unglück eines Menschen bloß darin, daß er den Dingen unmögliche Wirkungen zuschrieb oder aus Verhältnissen falsche Resultate zog und sich darinnen in seinen Erwartungen betrog!

HEINRICH VON KLEIST

38. TAG

Ich glaube an die Wirklichkeit einer uneigennützigen Liebe. Ich bin verloren, wenn sie nicht ist; ich gebe die Gottheit auf, die Unsterblichkeit und die Tugend. Ich habe keinen Beweis für diese Hoffnungen mehr übrig, wenn ich aufhöre, an die Liebe zu glauben. Ein Geist, der sich allein liebt, ist ein schwimmendes Atom im unermeßlichen leeren Raum.

FRIEDRICH SCHILLER

39. TAG

Lied auf das menschliche Denken

Das Göttliche, das in der Ferne wandert
Und immer wieder doch zurückkehr'n muß,
Das einzig wahre Licht von allen Lichtern:
Das Denken führe mich zu glücklichem Entschluß.

Durch das die Weisen, heil'ger Werke kundig,
Vollziehn die Riten und den Opferguß,
Das als Geheimnis in den Menschen waltet:
Das Denken führe mich zu glücklichem Entschluß.

Das als Erkennen, Wille und Bewußtsein
Im Innern strahlt, von Licht ein Überfluß,
Und ohne das kein Werk ist zu vollbringen:
Das Denken führe mich zu glücklichem Entschluß.

Das, selbst unsterblich, alle die drei Zeiten,
In sich umfaßt vom Anfang bis zum Schluß,
Durch das das Opfer flammt der sieben Priester,
Das Denken führe mich zu glücklichem Entschluß.

In dem die Verse festsitzen wie Speichen
In einer Nabe sicherem Verschluß,
In dem die Einsicht aller Wesen wurzelt,
Das Denken führe mich zu glücklichem Entschluß.

Das, wie ein Wagenlenker seine Rosse,
Die Menschen lenkt nach einsicht'gem Beschluß,
Das fest im Herzen steht und doch umhereilt:
Das Denken führe mich zu glücklichem Entschluß.

YAJURVEDA (~ 1000 V. CHR.)

40. TAG

Es gibt keinen anderen Weg,
ganz zu sich selbst zu kommen,
als den, daß man einmal
ganz von sich losgekommen ist.

EDUARD SPRANGER

41. TAG

Ich freue mich des Lebens, weil noch das Lämpchen glüht, suche keine Dornen, hasche die kleinen Freuden; sind die Türen niedrig, so bücke ich mich, kann ich den Stein aus dem Wege tun, so tue ich's, ist er zu schwer, so gehe ich um ihn herum, und so finde ich alle Tage etwas, das mich freut. Und der Schlußstein, der Glaube an Gott, der macht mein Herz froh und mein Angesicht fröhlich.

KATHARINA ELISABETH GOETHE
(GOETHES MUTTER)

42. TAG

Durch Sanftmut
besiege man den Zornigen,
durch Güte den Bösen,
durch Spenden den Geizhals,
durch Wahrheit den Lügner.

Mahabharata

43. TAG

Tätigkeit, etwas treiben, womöglich
etwas machen, wenigstens aber etwas lernen,
ist zum Glück des Menschen unerläßlich;
seine Kräfte verlangen nach ihrem
Gebrauch, und er möchte den Erfolg desselben
irgendwie wahrnehmen...
Daß man ein Werk unter seinen Händen
täglich wachsen und endlich
seine Vollendung erreichen sehe, beglückt
unmittelbar...

Arthur Schopenhauer

44. TAG

Wir denken zu wenig daran,
was wir dem andern schuldig sind,
was wir ihm geben können,
was wir für ihn tun können.
Sage nicht zu schnell
„Du liebst mich nicht“ –
solange du nicht selbst
alles gegeben hast.

PHIL BOSMANS

45. TAG

Erwirb dir in der Jugend etwas, was dich für den Verlust im Alter entschädigen kann. Und wenn du der Ansicht bis, daß das Alter von der Weisheit zehrt, dann sei schon in der Jugend darauf bedacht, damit es dir im Alter nicht an solcher Zehrung fehle.

LEONARDO DA VINCI

46. TAG

Am Meer, am wüsten, nächtlichen Meer
Steht ein Jüngling-Mann,
Die Brust voll Wehmut, das Haupt voll Zweifel,
Und mit düstern Lippen fragt er die Wogen:
„O löst mir das Rätsel des Lebens,
Das qualvoll uralte Rätsel,
Worüber schon manche Häupter gegrübelt,
Häupter in Hieroglyphenmützen,
Häupter in Turban und schwarzem Barett,
Perückenhäupter und tausend andre,
Arme, schwitzende Menschenhäupter.
Sagt mir, was bedeutet der Mensch?
Woher ist er kommen? Wo geht er hin?
Wer wohnt dort oben auf goldenen Sternen?"
Es murmeln die Wogen ihr ew'ges Gemurmel,
Es wehet der Wind, es fliehen die Wolken,
Es blinken die Sterne gleichgültig und kalt.
Und ein Narr wartet auf Antwort.

HEINRICH HEINE

47. TAG

Bei allen anderen Ergebnissen fragt man: Warum? Weshalb?
Was hat es für einen Sinn?
Einzig in der Liebe verstummen alle Fragen

ZENTA MAURINA

48. TAG

Nicht des Glückes bar sind deine Lenze,
Du forderst nur des Glücks zu viel.
Gib deinem Wunsche Maß und Grenze,
Und dir entgegen kommt das Ziel.

Wie dumpfes Unkraut laß vermodern,
Was in dir noch des Glaubens ist:
Du hättest doppelt einzufordern
Des Lebens Glück, weil du es bist.

Das Glück, kein Reiter wirds erjagen,
Es ist nicht dort, es ist nicht hier;
Lern überwinden, lern entsagen,
Und ungeahnt erblüht es dir.

THEODOR FONTANE

49. TAG

Soll unser Leben nicht in Zerstreuung verlorengehen, so muß es in einer Ordnung sich finden. Es muß im Alltag von einem Umgreifenden getragen sein, Zusammenhang gewinnen im Aufbau von Arbeit, Erfüllung und hohen Augenblicken, sich vertiefen in der Wiederholung. Dann wird das Leben noch in der Arbeit eines immer gleichen Tuns durchdrungen von einer Stimmung, die sich bezogen weiß auf einen Sinn.

KARL JASPERS

50. TAG

Das Licht der Sonne öffnet mir
das Tor der Welt,
das Licht der Liebe ihre Schätze.

RABINDRANATH TAGORE

51. TAG

In unsres Busens Reine wogt ein Streben,
Sich einem Höhern, Reinern, Unbekannten
Aus Dankbarkeit freiwillig hinzugeben,
Enträtselnd sich den ewig Ungenannten,
Wir heißen's: fromm sein!

JOHANN WOLFGANG VON GOETHE

52. TAG

Wir wissen, daß es die schöpferische Kraft der Liebe gibt, und wir bekennen uns zu ihr. Wir wissen, daß Wahrheit, Schönheit, souveränes Menschentum auf der Erde denkbar und erreichbar sind, und wir bekennen uns dazu.
Wir glauben an eine soziale Gerechtigkeit, das heißt: an Befreiung vom Druck und vom Zwang der äußeren Lebensnot, und wir glauben an eine neue, menschenund geistnahe Religiosität.

CARL ZUCKMAYER

53. TAG

Die Männer, die vollkommene Tugend in der Welt
verbreiten wollten,
brachten zuerst ihr Land in Ordnung.
Weil sie ihr Land in Ordnung zu bringen
wünschten,
brachten sie zuerst ihre Familien in Ordnung.
Weil sie ihre Familien in Ordnung zu bringen
wünschten,
bildeten sie zuerst ihre eigene Persönlichkeit.
Weil sie ihre Persönlichkeit zu bilden wünschten,
läuterten sie zuerst ihre Herzen.
Weil sie ihre Herzen zu läutern wünschten,
versuchten sie zuerst klar in ihrem Denken zu sein.
Weil sie in ihrem Denken klar sein wollten,
erweiterten sie zuerst ihr Wissen bis zum äußersten.
Diese Erweiterung des Wissens
beruht auf der Erforschung der Erscheinungen.

TA HSIO
CHINA. ZEIT DES KONFUZIUS.

54. TAG

Echtes Bitten und Geben, echtes Empfangen und Danken ist schön, ist menschlich im tiefsten Sinne. Es ist vom Bewußtsein getragen, in der Welt stehe man zusammen – nur, daß eben hier, heute, zufällig, Dieser hat, nicht Jener. Dieser kann und der Andere nicht. Morgen kann es umgekehrt sein.

ROMANO GUARDINI

55. TAG

Freude liegt nicht herum,
man muß sie entdecken,
man muß die Augen putzen,
um die Freude nicht zu übersehen.

HEINZ WAGNER

56. TAG

Wie tief das Ruder
wir auch in das Meer senken:
unergründbar bleibt die Tiefe der See:
Daß wir um die namenlose Tiefe
in unseren Herzen wissen,
welch Göttergeschenk!

KINO TSURAYUHI

57. TAG

Denn ist dem Menschen jedwede Freude in der
Brust vernichtet,
dann ist sein Leben nur ein eitler Schein.
Er schleicht nur als ein Toter durch das Leben.
Ob ihm der Reichtum füllet Haus und Hof,
ob eine Krone um das Haupt ihm strahlt,
fehlt ihm der Frohsinn, dann ist alles dies
nicht soviel wert wie einer Flamme Schatten.

SOPHOKLES

58. TAG

Das Innere des Lebens,
bricht man es auf,
ist Bitternis und Leid.
Aber der Weise weiß auch
daraus Honig zu bereiten.

MIXTEKISCHE WEISHEIT

59. TAG

Tropfen um Tropfen
füllt sich ein Teich,
Sandkorn auf Sandkorn
wächst ein Berg.

CHINESISCHE WEISHEIT

60. TAG

In dem Augenblicke,
wo du irgendeine deiner Schwächen
vor dir selbst entschuldigst,
hast du dir einen Stein hingelegt
auf den Weg, der dich aufwärts führen soll.

RUDOLF STEINER

Benjamin Franklin

Albert Einstein

61. TAG

Die Gesetze der geistigen Gesundheit sind so wirklich und wirksam wie die der körperlichen Gesundheit. Dem heißen Ringen der Träume und Enttäuschungen in jedem Menschenherzen liegt ein Plan ewiger Ordnung zugrunde. Die Vorschriften verstehen und sich ihnen fügen, heißt Teil jener Ordnung werden und damit sich selbst von Furcht und Verzweiflung befreien und von einem unerschütterlichen inneren Gleichgewicht wissen. In der Beobachtung dieses Gesetzes liegt der Weg zum Glück. So nur können wir uns unseres Lebens bis ans Ende freuen.

FULTON OURSLER

62. TAG

Der wahre Ertrag meines täglichen Lebens
ist etwas so Ungreifbares und Hauchzartes
wie die Farbtönungen
am Morgen und Abend.
Ein bißchen Sternenstaub,
ein Stückchen Regenbogen,
das ich erhascht habe.

HENRY DAVID THOREAU

63. TAG

Wie trügerisch sie auch manchmal sein mag, so ist es doch allein die Liebe, die den Menschen veredelt und ihm ein neues Leben schenkt, indem sie die rauhe Rinde, die bis dahin seine Brust umgab, sprengt und das Verständnis für das Schöne und Erhabene ihm einflößt.

JOSEF CAUWENBERGH

64. TAG

Wer von einem großen Gedanken
durchdrungen ist und dessen Wahrheit fühlt,
spreche ihn ruhig aus, wenn ihn auch
andere schon ausgesprochen haben.
Denn jeder Gedanke,
wenn er in selbständiger Weise ausgedrückt wird,
ist neu.

MARQUIS LUC DE CLAPIERS DE VAUVENARGUES

65. TAG

Wer der Weisheit folgt, wird machtvoll!
Weisheit gewährt dem Herzen
Jugendfrische bis ins Greisenalter!
Weisheit ist ein Ehrengewand,
von Gott geschenkt!
Weisheit überragt das Wissen
und bleibt fern von Bosheit!
Ein mit Weisheit geschmücktes Herz
gleicht einem reichen Schatz.

FIRDUSI

66. TAG

Ein freudiger Mensch kennt nur ein Verlangen: anderen Freude machen. Für ihn gibt es keine größere Freude, als anderen Freude zu bereiten. Seine Güte, sein Wunsch, andere zu erfreuen, prägt sich in seiner Haltung aus, strahlt aus seinen Augen. Seine Stimme verrät Freude und Kraft, dementsprechend erzeugt seine Unterhaltung Frohsinn und Freude. Weil er andern zur Freude verhilft, muß die Freude sein ständiger Begleiter bleiben; denn das Glück, das er anderen gebracht, fällt nach einem bekannten Gesetz wieder auf ihn zurück. Als sonniger Mensch sucht er in allem und in jedem nur die guten, lichte und sonnige Seite und übersieht bewußt das Schlechte und Häßliche, weil er weiß, daß auch Sonne und Schönheit sein muß, wo Schatten und Nacht ist; er findet immer wieder Freude und Schönheit, wo andere nichts sehen. Gerne zeigt er darum auch seinen Mitmenschen den Weg zur Freude. Sein oberstes Ziel ist, Freude zu bereiten, sein Leben und das aller Wesen, die um ihn sind, mit froher Heiterkeit zu durchsonnen. Darum ist auch seine tägliche Arbeit mit Freude und Sonne erfüllt, und darum auch trägt er die Last so leicht und ohne Ermüden. Wie schwer der tägliche Weg sein mag, lächelnd und fröhlich kehrt er nach Hause zurück. Er ist voll höchster Energie und Zähigkeit, denn wo Freude herrscht, da ist Gesundheit, da tun alle Organe eifriger ihre Pflicht. Sprudelnde Lebensbejahung und wachsende Leistungsfähigkeit sind das Ergebnis der Freude. In seiner Freude überwindet er lächelnd Schwierigkeiten, kann ihn kein Mißerfolg treffen.

Otto Orlowsky

67. TAG

Wenn man an einer Konferenz, egal welcher Organisation, teilnimmt, sollte man sie nicht mit der Haltung beginnen, die wünscht, die opponierende Partei diskutierend anzugreifen und sie wegen ihrer Mängel zu verreißen. Solange das Treffen nicht in einer harmonischen und friedlichen Atmosphäre des guten Willens fortschreitet, im Geiste der Bereitschaft, die Gefühle jedes Teilnehmers zu ehren, und Diskussionen sich um konstruktive Meinungen drehen, können unmöglich gute Ergebnisse erzielt werden. Ein gutes Resultat kann nicht von Diskussionen erwartet werden, die in lautem, hartem Ton geführt werden, gefärbt von Gegnerschaft und Polemik. Natürlich können nicht alle Teilnehmer der gleichen Meinung sein; aber wenn jene abweichenden Meinungen zum Ausdruck gebracht werden, sollten Frieden, Harmonie und Liebe für das „Ganze“ die Stimmung des Sprechers bestimmen. Falls konstruktive geistige Schwingungen vorwiegen und die Ideen des Angreifens oder Belastens von Leuten mit anderer Meinung aufgegeben werden, wenn die Teilnehmer danach streben, höhere Ideen mit dem Ziel größeren Wohlstands vorzubringen, ist es sicher, daß mit der Zeit gute Einfälle der Gruppe kommen werden. Alles Gute wird aus Harmonie geboren. Sie sollten nie vergessen, die Offenbarung zu praktizieren: „Jeder einzelne von euch sei versöhnt mit dem ganzen Universum.“

MASAHARU TANIGUCHI

68. TAG

Macht können wir
durch Wissen erlangen,
aber zur Vollendung
gelangen wir nur durch Liebe.

RABINDRANATH TAGORE

69. TAG

Unser Alltagsleben stellt an unsere Geduld, unsere Hingabe, unsere Ausdauer und unsere Opferbereitschaft Anforderungen, die wir bescheiden und ohne heroische Gesten erfüllen müssen und die nun einmal ein Heldentum verlangen, das nach außen hin nicht in Erscheinung tritt.

CARL GUSTAV JUNG

70. TAG

Gestern am Grab meiner Mutter hab' ich's wieder bedacht; eigentlich hab' ich, was meine Freunde jetzt „groß" nennen, nur fertiggebracht, weil ich von Jugend an Ehrfurcht gehabt habe vor allem Echten und Heiligen. Jedesmal, wenn ich ehrfürchtig aufgeschaut habe zum Vater oder zur Mutter oder zu einem meiner Meister oder gar zu Gott, da ist mein Herz weit und groß geworden. Aus solchem Zustand hab' ich meine schönsten Sachen geschaffen.

ANTON BRUCKNER

71. TAG

Spaß, Lachen und Freude gehören zu den billigsten und wirksamsten Heilmitteln der Welt. Wer häufig größere Dosen davon einnimmt, erspart sich nicht nur teure Medikamente, sondern trägt auch dazu bei, daß sein Körper gesünder und sein Leben glücklicher wird.

CATHERINE PONDER

72. TAG

Das Beste, was heute geschenkt werden kann, ist die Nähe selbstseiender Menschen. Wahrer Adel ist nicht in einem isolierten Wesen. Es ist in der Verbundenheit der eigenständigen Menschen. Sie kennen die Verpflichtung, stets auszuschauen nacheinander, sich zu fördern, wo sie sich begegnen, und bereit zu sein zur Kommunikation, wartend ohne Zudringlichkeit. Ohne Verabredung kennen sie eine Treue des Zusammenhaltens, die stärker ist als Verabredung.

KARL JASPERS

73. TAG

Gleich wie die Sonne, damit sie aufgehe, nicht auf Gebet oder Beschwörung harrt, sondern einfach scheinet und von den Menschen mit Freuden empfangen wird: also sollst auch du nicht auf Beifall, Anklopfen und Lob warten, damit du Wohltaten erzeigest. Tue sie freiwillig, so wirst du auch wie die Sonne geliebt.

EPIKTET VON HIERAPOLIS

74. TAG

Was verkürzt mir die Zeit?
Tätigkeit!
Was macht sie unerträglich lang?
Müßiggang!
Was bringt in Schulden?
Harren und Dulden!
Was macht Gewinnen?
Nicht lange besinnen!
Was bringt zu Ehren?
Sich wehren!

JOHANN WOLFGANG VON GOETHE

Anton Bruckner

75. TAG

Wenn der erste Schritt –
der schwerste – gemacht ist,
wird der Rest ein „Fest".
Der erste Schritt: Vergebung.
Das schönste Geschenk!

PHIL BOSMANS

76. TAG

Im gleichen Ausmaß, wie Sie Freude verbreiten, werden Sie auch Freude empfangen. Dies beruht auf dem Gesetz des Ausgleichs von Saat und Ernte. Freude wächst, indem man sie auch andern vermittelt, sie nimmt ab, wenn man sie für sich allein behält.
Tatsache ist, daß, wer Freude nicht weitergibt, schließlich selber ohne Freude bleibt. Der Mensch kann in sich selber die Quelle der Freude entdecken, aus der er mehr Freude schöpfen kann, als er sich das je vorstellen könnte.

NORMAN VINCENT PEALE

77. TAG

Wer schön und wahr
und lieblich ist und weise,
zieht Sonnen mit dem Ring
der Liebe aus dem Kreise.
Dies ist der Talisman,
das Siegel, das die Welt
des Geistes und des Stoffs
im Zaume hält.

NISAMI

78. TAG

Die Lebensfreude, die Schaffensfreude des Menschen gehört zu seinem wahren Wesen. Ohne Schaffensfreude könnten wir nie zur Selbstverwirklichung gelangen. Wenn wir die Verwirklichung des Unendlichen abseits von der Welt des Handelns suchen, so werden wir nie das geringste erreichen.
Es ist nicht wahr, daß der Mensch nur unter Zwang handelt. Wenn auf der einen Seite Zwang ist, so ist auf der andern Freude.

RABINDRANATH TAGORE

79. TAG

Es ist erstaunlich,
wieviel Kräfte in der eigenen Seele frei werden,
wenn man sich daran gewöhnt,
in seinen Mitmenschen das Beste zu suchen.

CLARENCE HALL

80. TAG

Suchet und ihr werdet noch ganz etwas anderes finden.
Wer Gold sucht, findet Porzellan,
wer Ostasienfahrten abkürzen will,
findet Amerika.

KARL FOERSTER

81. TAG

Ich sage mich los: von der leichtsinnigen Hoffnung einer Errettung durch die Hand des Zufalls; von der dumpfen Erwartung der Zukunft, die ein stumpfer Sinn nicht erkennen will. Ich glaube und bekenne: daß der Schandfleck einer feigen Unterwerfung nie zu verwischen ist; daß man die Ehre nur einmal verlieren kann.

KARL VON CLAUSEWITZ

82. TAG

Wer seine Gedanken, Wünsche, Worte und Taten
beherrscht,
reinigt und vergöttlicht,
meistert sein Leben und sein Schicksal
und wird zur Quelle des Heils
und des Segens für die Menschheit

H. K. Iranschähr

83. TAG

Kein Unrecht zu begehen, weder in Worten noch in Taten, ist die beste Selbsthilfe. Diese Hilfe zu leisten ist der Mensch auch in der schlimmsten Not nicht unfähig.

Verzichtend auf alle Ehren der großen Masse, will ich, der Erforschung der Wahrheit hingegeben, nach Möglichkeit versuchen, als ein guter Mensch zu leben.

Ich fordere aber auch alle anderen Menschen nach Kräften dazu auf, an diesem Wettkampf um das gute Leben teilzunehmen, den ich höher achte als alle Wettkämpfe hienieden.

Von den vielen Aufstellungen bleibt allein dieser Satz unbestritten stehen: Daß man sich mehr hüten müsse vor dem Unrechttun als vor dem Unrechtleiden und daß ein Mann vor allem anderen danach trachten müsse, nicht gut zu scheinen, sonder wirklich gut zu sein, im persönlichen wie im öffentlichen Verkehr. Jede Art von Schmeichelei, gleichviel ob gegen sich selbst oder gegen die anderen, ob gegen wenige oder gegen viele, muß man meiden.

Glaube mir also und folge mir auf diesem Wege, so wirst du glücklich leben. Und wenn dich jemand verachtet als Toren und dich beschimpft, so lasse ihm ruhig seinen Willen. Denn damit wird dir nichts Schlimmes widerfahren, wenn du nur in Wahrheit ein guter Mensch bist. Diesem Wegweiser wollen wir folgen, und wir wollen die anderen dazu auffordern, mit uns auf diesem Wege zu gehen.

PLATON
AUS DEM DIALOG GORGIAS

84. TAG

Das Leben wohnt in jedem Sterne:
Er wandelt mit den andern gerne
Die selbsterwählte, reine Bahn;
Im innern Erdenball pulsieren
Die Kräfte, die zur Nacht uns führen
Und wieder zu dem Tag hinan.

JOHANN WOLFGANG VON GOETHE

85. TAG

Der Mensch verliert das Gleichgewicht seiner Stärke, die Kraft der Weisheit, wie sein Geist auf einen Gegenstand zu einseitig und zu gewaltsam hingelenkt ist. Darum ist die Lehrart der Natur nicht gewaltsam. Aber in ihrer Bildung ist Festigkeit und in ihrer Ordnung haushälterische Genauigkeit.

JOHANN HEINRICH PESTALOZZI

86. TAG

Das Glück eines Lebens setzt sich aus winzigen Kleinigkeiten zusammen – den kleinen, bald vergessenen Wohltaten eines Kusses oder Lächelns, eines freundlichen Blicks, eines von Herzen kommenden Kompliments -, zahllosen, unendlich kleinen Dosen angenehmer und belebender Freuden.

Samuel Taylor Coleridge

87. TAG

Weise Lebensführung gelingt
keinem Menschen durch Zufall.
Man muß, solange man lebt,
lernen, wie man leben soll. –
Lerne zu leben und zu sterben,
du wirst eine erhabene Ruhe
allen irdischen Dingen gegenüber gewinnen.

Marcus Annaeus Seneca

88. TAG

Ohne Liebe,
ohne Menschlichkeit im Herzen
und ohne Dankbarkeit gegen den,
dessen Gebot Liebe und Erbarmen
und dessen große Eigenschaft Wohlwollen ist
gegen alles, was atmet,
kann man wahres Glück nicht erlangen.

CHARLES DICKENS

89. TAG

Man tut, was man kann
und legt sich dann schlafen.
Und auf diese Weise
geschieht es,
daß man eines Tages
etwas geleistet hat.

PAULA MODERSOHN-BECKER

Heinrich Heine

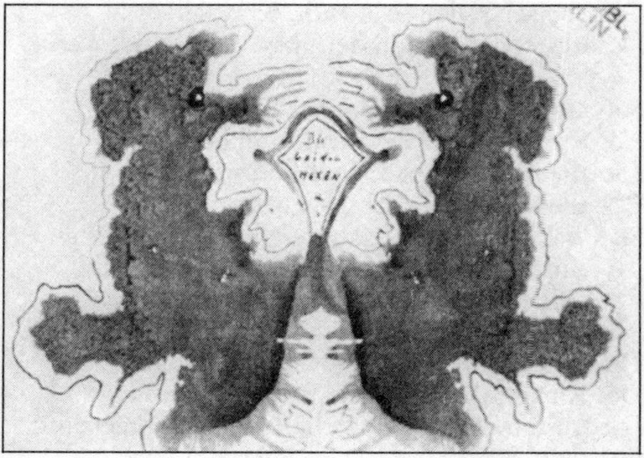

Christian Morgenstern.
„Die beiden Hexen“, Klecksographie

90. TAG

Das Gleichnis von den drei Ringen

Vor grauen Jahren lebt' ein Mann im Osten,
Der einen Ring von unschätzbarem Wert
Aus lieber Hand besaß. Der Stein war ein
Opal, der hundert schöne Farben spielte,
Und hatte die geheime Kraft, vor Gott
Und Menschen angenehm zu machen, wer
In dieser Zuversicht ihn trug. Was Wunder,
Daß ihn der Mann im Osten darum nie
Vom Finger ließ und die Verfügung traf,
Auf ewig ihn bei seinem Hause zu
Erhalten? Nämlich so: Er ließ den Ring
Von seinen Söhnen dem Geliebtesten;
Und setzte fest, daß dieser wiederum
den Ring von seinen Söhnen dem vermache,
Der ihm der Liebste sei; und stets der Liebste,
Ohn' Anseh'n der Geburt, in Kraft allein
Des Rings, das Haupt, der Fürst des Hauses werde. –

So kam nun dieser Ring von Sohn zu Sohn,
Auf einen Vater endlich von drei Söhnen,
Die alle drei ihm gleich gehorsam waren,
Die alle drei er folglich gleich zu lieben
Sich nicht enthalten konnte. Nur von Zeit
Zu Zeit schien ihm bald der, bald dieser, bald
der Dritte, – so wie jeder sich mit ihm
Allein befand, und sein ergießend Herz
Die andern zwei nicht teilten, – würdiger
Des Ringes, den er denn auch einem jeden
Die fromme Schwachheit hatte, zu versprechen.
Das ging nun so, solang' es ging. – Allein
Es kam zum Sterben, und der gute Vater
Kommt in Verlegenheit. Es schmerzt ihn, zwei

Von seinen Söhnen, die sich auf sein Wort
Verlassen, so zu kränken. – Was zu tun?
Er sendet ihn geheim zu einem Künstler,
Bei dem er, nach dem Muster seines Rings,
Zwei andere bestellt, und weder Kosten
Noch Mühe sparen heißt, sie jenem gleich,
Vollkommen gleich zu machen. Das gelingt
Dem Künstler. Da er ihm die Ringe bringt,
Kann selbst der Vater seinen Musterring
Nicht unterscheiden. Froh und freudig ruft
Er seine Söhne, jeden insbesondre;
gibt jedem insbesondre seinen Segen –
Und seinen Ring – und stirbt. –
Kaum war der Vater tot, so kommt ein jeder
Mit seinem Ring, und jeder will der Fürst
Des Hauses sein. Man untersucht, man zankt,
Man klagt. Umsonst; der rechte Ring war nicht
Erweislich; – fast so unerweislich als
Uns jetzt – der rechte Glaube ist. – Die Söhne
Verklagen sich und jeder schwur dem Richter,
Unmittelbar aus seines Vaters Hand,
Den Ring zu haben – wie auch wahr! – nachdem
Er von ihm lange das Versprechen schon
Gehabt, des Ringes Vorrecht einmal zu
Genießen. – Wie nicht minder wahr! – der Vater,
Beteuerte jeder, könne gegen ihn
Nicht falsch gewesen sein; und eh' er dieses
Von ihm, von einem solchen lieben Vater
Argwöhnen laß': eh' müß er seine Brüder,
So gern er sonst von ihnen nur das Beste
Bereit zu glauben sei, des falschen Spiels
Bezeihen; und er wolle die Verräter
Schon auszufinden wissen; sich schon rächen.

Der Richter sprach: wenn ihr mir nun den Vater
Nicht bald zur Stelle schafft, so weis' ich euch
Von meinem Stuhle. Denkt ihr, daß ich Rätsel
Zu lösen da bin? Oder harret ihr,

Bis daß der rechte Ring den Mund eröffne? –
Doch halt! ich höre ja, der rechte Ring
Besitzt Wunderkraft, beliebt zu machen;
Vor Gott und Menschen angenehm. Das muß
Entscheiden! Denn die falschen Ringe werden
Doch das nicht können! – Nun, wen lieben zwei
Von euch am meisten? – Macht, sagt an! Ihr schweigt?
Die Ringe wirken nur zurück? und nicht
Nach außen? Jeder liebt sich selber nur
Am meisten? – Oh, so seid ihr alle drei
Betrogene Betrüger! Eure Ringe
Sind alle drei nicht echt. Der echte Ring
Vermutlich ging verloren. Den Verlust
Zu bergen, zu ersetzen, ließ der Vater
Die drei für einen machen. –
Und also, fuhr der Richter fort, wenn ihr
Nicht meinen Rat, statt meines Spruches, wollt:
Geht nur! – Mein Rat ist aber der: ihr nehmt
Die Sache völlig, wie sie liegt. Hat von
Euch jeder seinen Ring von seinem Vater:
So glaube jeder seinen Ring
Den echten. – Möglich, daß der Vater nun
Die Tyrannei des einen Rings nicht länger
In seinem Hause dulden wollte! – Und gewiß.
Daß er euch alle drei geliebt und gleich
Geliebt: in dem er zwei nicht drücken mögen,
Um einen zu begünstigen. – wohlan!
Es eif're jeder seiner unbestoch'nen
Von Vorurteilen freien Liebe nach!
Es strebe von euch jeder um die Wette,
Die Kraft des Steins in seinem Ring an Tag
Zu legen! komme dieser Kraft mit Sanftmut,
Mit herzlicher Verträglichkeit, mit Wohltun,
Mit innigster Ergebenheit in Gott
Zu Hilf'! Und wenn sich dann der Steine Kräfte
Bei euern Kindes-Kindeskindern äußern:

So lad' ich über tausend tausend Jahre
Sie wiederum vor diesen Stuhl. Da wird
Ein weis'rer Mann auf diesem Stuhle sitzen,
Als ich; und sprechen. – Geht! – So sagte der
Bescheid'ne Richter. –

Gotthold Ephraim Lessing

91. TAG

Ein angenehmes
und heiteres Leben
kommt nicht von äußeren Dingen;
der Mensch
bringt aus seinem Innern
wie aus einer Quelle
Lust und Freude in sein Leben.

Plutarch

92. TAG

Es sind nicht die ganz großen Freuden,
die am meisten zählen.
Es kommt darauf an,
aus den kleinen viel zu machen.

Jean Webster

93. TAG

Barmherzig sein heißt, ein warmes Herz haben für die Erbärmlichkeit und das Elend der anderen. Dann aber haben wir Erbarmen mit anderen Menschen, wenn wir das fremde Elend gleichsam als unser eigenes erachten. Über unser eigenes Elend empfinden wir spontan Schmerz und trachten darnach, es mit allen Mitteln zu beseitigen. Also ist derjenige erst wahrhaft barmherzig, der aus Nächstenliebe darnach strebt, leicht und spontan auf Grund seines guten Willens das Elend der anderen mit allen Mitteln zu beseitigen, die ihm zu Gebote stehen.

HELMUT FAHSEL

94. TAG

Tröste dich, die Stunden eilen,
Und was all dich drücken mag,
Auch das Schlimmste kann nicht weilen,
Und es kommt ein andrer Tag.

In dem ewgen Kommen, Schwinden,
Wie der Schmerz liegt auch das Glück,
Und auch heitre Bilder finden
Ihren Weg zu dir zurück.

Harre, hoffe. Nicht vergebens
Zählest du der Stunden Schlag:
Wechsel ist das Los des Lebens,
Und es kommt ein andrer Tag.

THEODOR FONTANE

95. TAG

Gott gebe mir die Gelassenheit,
Dinge hinzunehmen,
die ich nicht ändern kann,
den Mut, Dinge zu ändern, die ich ändern kann,
und die Weisheit,
das eine vom anderen zu unterscheiden.

CHRISTOF FRIEDRICH OETINGER

96. TAG

Eines Schattens Traum
ist der Mensch.
Doch naht ihm ein heller,
gottgesegneter Glanz,
dann leuchtet strahlend
ein Licht dem Menschen.
Und leichter
wird das Leben.

PINDAR

97. TAG

Mit guten Nerven und gesunder Vernunft hat eine Seele immer so viel Federkraft, als sie braucht, um sich so viel drücken zu lassen und so viel zurückzudrücken, als zu ihrem Wohlbefinden nötig ist: ohne diese beiden Requisite weiß ich keinen Rat.

Christoph Martin Wieland

98. TAG

Konzentriere dich in deinem kurzen Leben auf wesentliche Dinge und lebe mit dir und der Welt in Frieden. Sorge dafür, daß die Menschen dich lieben, solange du lebst. Bald werden wir unsern letzten Atemzug tun, solange wir aber atmen, solange wir unter Menschen weilen, wollen wir uns Menschlichkeit zur Pflicht machen.

Marcus Annaeus Seneca

99. TAG

Ein guter, edler Mensch, der mit uns gelebt,
kann uns nicht genommen werden;
er läßt eine leuchtende Spur zurück
gleich jenen erloschenen Sternen,
deren Bild noch nach Jahrhunderten
die Erdbewohner sehen.

Thomas Carlyle

100. TAG

Das einzige, was wir mit Sicherheit als unser Eigentum beanspruchen dürfen, das höchste Gut, was uns keine Macht der Welt rauben kann, und was uns wie kein anderes auf die Dauer zu beglücken vermag, das ist eine reine Gesinnung, die ihren Ausdruck findet in gewissenhafter Pflichterfüllung.

MAX PLANCK

101. TAG

Liebet die ganze Schöpfung Gottes, die ganze Welt und jedes Sandkörnchen auf Erden! Jedes Blättchen, jeden Lichtstrahl Gottes habet lieb! Liebet die Tiere, liebet die Pflanzen, liebet jedes Ding! Wirst du aber jedes Ding lieben, dann wirst du auch Gottes Geheimnis in den Dingen erfassen.

FEDOR DOSTOJEWSKIJ

102. TAG

Dschu Ping Mau gab sein ganzes Vermögen dafür hin, von Meister Dschi Li Yi das Drachentöten zu erlernen. Nach drei Jahren war er in dieser Kunst bewandert, doch gab es nirgends eine Gelegenheit, seine Geschicklichkeit zu zeigen.

DSCHUANG DSE

103. TAG

Die Leute sollten nicht immer soviel nachdenken,
was sie tun sollten,
sie sollen lieber nachdenken, was sie sein sollten.
Wären sie nur gut, so möchten ihre Werke selber leuchten.

MEISTER ECKEHART

104. TAG

Niemand ist glücklicher zu preisen als derjenige, der im Buche der Natur zu lesen weiß, das Gott vor unseren Augen aufgeschlagen hat. Die Erkenntnisse, die er dabei erringt, sind sein Eigentum. Zudem bildet und entwickelt er durch dieses Studium seinen Geist.

VOLTAIRE

105. TAG

Wieder etwas finden
von der Freude am Heute,
etwas vom Frieden im Hier,
etwas von der Liebe
in mir und dir.

ANNE MORROW LINDBERGH

106. TAG

Je mehr man lernt, nicht mehr in Augenblicken, sondern in Jahren zu leben, desto edler wird man. Die hastige Unruhe, das kleinliche Treiben des Geistes geht in große, ruhige, einfache und viel umfassende Tätigkeiten über, und die herrliche Geduld findet sich ein.

NOVALIS
(FRIEDRICH VON HARDENBERG)

107. TAG

Seien Sie jeden Tag geöffnet für alles, was Sie freudig stimmen und glücklich machen kann.
Versuchen Sie, anderen Menschen so viel Freude zu bringen wie nur möglich.
Es ist eine erstaunliche Tatsache, daß es auch Sie freudig stimmt, wenn Sie Freude bereiten. Wir verlieren Freude, wenn wir sie egoistisch für uns behalten wollen.

NORMAN VINCENT PEALE

108. TAG

Die Unsterblichkeit der Seele und das Dasein Gottes sind Postulate der reinen praktischen Vernunft. Der Unendliche, dem die Zeitbedingung nichts ist, sieht in dieser für uns endlosen Reihe das Ganze der Angemessenheit mit dem moralischen Gesetze ... Was dem Geschöpfe allein in Ansehung der Hoffnung dieses Anteils zukommen kann, wäre das Bewußtsein seiner erprüften Gesinnung. Die Lehre des Christentums, wenn man sie auch noch nicht als Religionslehre betrachtet, gibt in diesem Stücke einen Begriff des höchsten Gutes (vom Reiche Gottes), der *allein* der strengsten Forderung der praktischen Vernunft Genüge tut. Auf solche Weise führt das moralische Gesetz durch den Begriff des höchsten Gutes, als das Objekt und den Endzweck der reinen praktischen Vernunft, zur Religion, das ist zur Erkenntnis aller Pflichten als göttliche Gebote, nicht als Sanktionen, das ist willkürlicher, für sich selbst zufälliger Verordnungen eines fremden Willens, sondern als Gesetze eines freien Willens, die aber dennoch als Gebote des höchsten Wesens angesehen werden müssen, weil wir nur von einem moralisch-vollkommenen (heiligen und gütigen), zugleich auch allgewaltigen Willen, das höchste Gut, welches zum Gegenstande unserer Bestrebungen zu setzen uns das moralische Gesetz zur Pflicht macht, und also durch Übereinstimmung mit diesem Willen dazu zu gelangen hoffen können. Pflicht, du erhabner, großer Name! Der Heiligkeit der Pflicht allein alles nachsetzen und sich bewußt werden, daß man es könne, weil unsere eigene Vernunft dieses als ihr Gebot anerkennt, und sagt, daß man es tun *solle,* das heißt sich gleichsam *über* die Sinnenwelt selbst *gänzlich* erheben, und ist von demselben Bewußtsein des Gesetzes auch die Triebfeder eines die Sinnlichkeit beherrschenden Vermögens unzertrennlich. Wir müssen die *Kausalität* nach dem Gesetze der Naturnotwendigkeit bloß der *Erscheinung,* die *Freiheit* (Spontanietät) aber ebendemselben *Wesen,* als Ding an sich selbst, beilegen. –

Zwei Dinge erfüllen das Gemüt mit immer neuer und zunehmender Bewunderung und Ehrfurcht, je öfter und anhaltender sich das Nachdenken damit beschäftigt: *Der bestirnte Himmel über mir und das moralische Gesetz in mir.*

IMMANUEL KANT

109. TAG

Das beste Mittel,
jeden Tag gut zu beginnen, ist:
beim Erwachen daran zu denken,
ob man wenigstens *einem* Menschen
an diesem Tage
eine Freude machen könne.

FRIEDRICH NIETZSCHE

110. TAG

Bei dem vielen Zeug, das ich vorhabe, würde ich verzweifeln, wenn nicht die große Ordnung, in der ich meine Papiere halte, mich in den Stand setzte, zu jeder Stunde überall einzugreifen, jede Stunde in ihrer Art zu nützen und eins nach dem andern vorwärts zu schieben.

JOHANN WOLFGANG VON GOETHE

111. TAG

Schau dem Tode
mit froher Hoffnung
ins Angesicht
und erachte als feste Wahrheit:
für den Rechtschaffenen
gibt es kein Übel,
weder im Tode noch im Leben,
und die Götter lassen
seine Sache nicht im Stich.

SOKRATES

112. TAG

Wohlwollen ruft Wohlwollen hervor, und wenn wir lieben, wenn wir wahrhaftig und rückhaltlos lieben, so treten damit nicht nur wir selbst in ein reicheres Leben ein, sondern auch die, denen wir unsere geistigen Hände entgegenstrecken. Und das muß so sein. Denn einem Menschen wohlwollen heißt ja gerade, ihm ein reicheres Leben wünschen. Wir begegnen ihm, und wir werden mit ihm eins durch ebendiesen Wunsch.

VICTOR GOLLANCZ

113. TAG

Die größten Tragödien in der Welt
im Leben des einzelnen
entspringen Mißverständnissen.
Das Heilmittel: die Aussprache.

GORDON DEAN

114. TAG

Denken Sie regelmäßig und systematisch an Lebenskraft, Erleuchtung, Inspiration, Harmonie, Wohlstand, Glück, Seelenfrieden und ein in jeder Weise reicheres Dasein.
Denken Sie an diese Wahrheiten – nicht an irgendeinen Zustand davon –, und lassen Sie sie in Ihr Unterbewußtsein sinken. Vertrauen Sie darauf, daß durch die göttliche Weisheit Ihres Unterbewußtseins alle Ideen, die Sie betrachten, in der für Sie günstigsten Weise aufgenommen und verarbeitet werden.

JOSEPH MURPHY

115. TAG

Sei tätig, solange du Kraft dazu hast.
Ein einziger Tag gedeihlichen Handelns
verbürgt dir einen Anteil an der Ewigkeit.
Jede Stunde baut an der Zukunft.
Gott kennt jeden an seinen Werken,
und Er wird denjenigen belohnen,
der etwas für Ihn tut.

Aus der altägyptischen Weisheitslehre
für den König Meri-ka-re

116. TAG

Nicht an die Güter hänge Dein Herz,
die das Leben vergänglich zieren.
Wer besitzt, der lerne verlieren,
wer im Glück ist,
lerne den Schmerz!

Friedrich Schiller

117. TAG

Gebet

Herr! schicke, was Du willst
Ein Liebes oder Leides;
Ich bin vergnügt, daß beides
Aus Deinen Händen quillt.

Wollest mit Freuden
Und wollest mit Leiden
Mich nicht überschütten!
doch in der Mitten
Liegt holdes Bescheiden.

EDUARD MÖRIKE

118. TAG

Humor ist gelebte und gelachte
Erkenntnis. Humor ist Erkenntnis der Grenze,
verbunden mit grenzenloser Erkenntnis.
Humor vereinigt das
Bescheidenste und das Unbescheidenste
in einem Gelächter. Humor
löst den Willen ab, wenn er ruhen muß.

GERHART HAUPTMANN

119. TAG

Der Himmel hat den Menschen
als Gegengewicht
gegen die vielen Mühseligkeiten
des Lebens
drei Dinge gegeben:
die Hoffnung,
den Schlaf und das Lachen.

IMMANUEL KANT

120. TAG

Bemeßt den Schritt! Bemeßt den Schwung!
Die Erde bleibt noch lange jung!
Dort fällt ein Korn, das stirbt und ruht.
Die Ruh ist süß, es hat es gut.
Hier eins, das durch die Scholle bricht.
Es hat es gut. Süß ist das Licht.
Und keines fällt aus dieser Welt,
Und jedes fällt, wie's Gott gefällt.

CONRAD FERDINAND MEYER

121. TAG

Freude und Schmerz
sind gleich kostbare Gaben,
und es gilt, sie eines wie das andere
völlig auszukosten,
jedes in seiner Reinheit,
ohne daß man sie zu vermischen suchte.

SIMONE WEIL

122. TAG

Mut zum Leiden. – So wie wir jetzt sind, können wir eine ziemliche Menge von Unlust ertragen, und unser Magen ist auf diese schwere Kost eingerichtet. Vielleicht fänden wir ohne sie die Mahlzeit des Lebens fade: und ohne den guten Willen zum Schmerze würden wir allzu viele Freuden fahrenlassen müssen.

FRIEDICH NIETZSCHE

123. TAG

Dankbarkeit ist darauf bedacht, nichts, was einen beständigen Wert hat, verlorengehen zu lassen. Sie ist Wachsamkeit: aktiver Kampf gegen die Kräfte der Zerstreutheit.

Damit wird die innere Nähe zwischen dem Gedenken und der Treue offenkundig, denn Vergessen ist ein Verstoß gegen die Treue.

GABRIEL MARCEL

124. TAG

Öffne die Tore
zur Zärtlichkeit,
und du wirst dich auch
von offenen Türen umgeben sehen.

HEINZ KÖRBER

125. TAG

Mit einem Mann nicht zu reden, mit dem sich reden läßt, bedeutet, einen Menschen verlieren. Mit einem Manne zu reden, mit dem sich nicht reden läßt, bedeutet, seine Worte vergeuden.
Der Weise läßt keinen Menschen verloren werden, aber vergeudet auch keine Worte.

KONFUZIUS

Vincent van Gogh. „Straße mit Zypressen", 1890.

126. TAG

Des Lebens Kunst
Ist leicht zu lernen und zu lehren,
Du mußt vom Schicksal
Nie zu viel begehren.
Der, welchem ein bescheidnes Los genügt,
Hat einen Schatz,
Der nie versiegt.
Dem Unersättlichen in jeglichem Genuß,
Wird selbst das Glück zum Überdruß.

LUDWIG BECHSTEIN

127. TAG

Ich bin berufen, etwas zu tun oder zu sein,
wofür kein anderer berufen ist;
ich habe einen Platz in Gottes Ratschluß,
auf Gottes Erde,
den kein anderer hat.
Ob ich reich oder arm bin,
verachtet oder geehrt bei den Menschen –
Gott kennt mich
und ruft mich bei meinem Namen.

JOHN HENRY NEWMAN

128. TAG

Ein Wort der Ermunterung
kann Oasen schaffen.
Ein Wort der Hoffnung
kann Wüsten zum Grünen bringen.
Ein Wort des Verzeihens
kann neues Leben wecken.
Ein Wort der Liebe
kann Berge versetzen.
Worte vermögen beinahe alles,
wenn sie aus dem Herzen kommen
und zu Herzen gehen.

Adalbert Ludwig Balling

129. TAG

Wer je die Flamme umschritt,
Bleibe der Flamme Trabant!
Wie er auch wandert und kreist:
Wo noch ihr Schein ihn erreicht,
Irrt er zu weit nie vom Ziel.
Nur wenn sein Blick sie verlor,
Eigener Schimmer ihn trügt:
Fehlt ihm der Mitte Gesetz,
Treibt er zerstiebend ins All.

Stefan George

130. TAG

Großes Glück
ist eine Feuerprobe der Menschen,
großes Unglück
nur die Wasserprobe.

JEAN PAUL

131. TAG

Und wahre Freunde
werden keinem fehlen,
der sie zu haben wert
und selbst ein Freund zu sein
fähig ist.

EWALD VON KLEIST

132. TAG

Es liegen in der menschlichen Natur wunderbare Kräfte, und ebenwenn wir es am wenigsten hoffen, hat sie etwas Gutes für uns in Bereitschaft. Ich habe in meinem Leben Zeiten gehabt, wo ich mit Tränen einschlief; aber in meinen Träumen kamen nun die lieblichsten Gestalten, mich zu trösten und zu beglücken, und ich stand am andern Morgen wieder frisch und froh auf den Füßen.

JOHANN WOLFGANG VON GOETHE

133. TAG

Die Liebe ward uns gegeben,
sie ist nicht unser Verdienst.
Das Glück aber,
das in ihr sein kann,
das müssen wir uns erwerben
durch Klarheit, Wahrhaftigkeit, Selbsterkenntnis,
liebevolles Sich-in-den-anderen-Denken.

Anton Wildgans

134. TAG

Oft ist es ausschließlich unser fester Glaube
an ein ganz ungewisses Ergebnis,
was ebendieses Ergebnis herbeiführt.

William James

135. TAG

Laß es gelten, daß alles Geschenk,
das von dir ausgeht,
nur ein Hinweis sein kann,
eine Andeutung, nicht ein Ersatz,
aber ein Versuch, dich selber zu schenken.

Albrecht Goes

136. TAG

Durch die Freiheit erhob sich, wie ein stiller Zweig aus einem gesunden Stamm, das Denken des ganzen Volks, denn sowie der Geist eines zum Denken gewöhnten Menschen sich höher zu erheben pflegt in weitem Felde oder auf offenem Gang und auf der Höhe eines Geländes als in einer niedrigen Kammer und in jedem eingeschränkten Ort: ebenso muß auch die Art zu denken unter den freien Griechen gegen die Begriffe beschränkter Völker sehr verschieden sein. Die Freiheit, die Mutter der großen Begebenheiten ... pflanzte gleich in der Geburt selbst den Samen edler und erhabener Gesinnungen; und so wie der Anblick der unermeßlichen Fläche des Meeres und das Schlagen der stolzen Wellen an den Klippen des Strandes unseren Blick ausdehnt und den Geist über niedrige Vorwürfe hinweggesetzt, so konnte im Angesicht so großer Dinge und Menschen nicht unedel gedacht werden.

JOHANN JOACHIM WINKELMANN

137. TAG

Ein Freund bist du –
weil du Zeit hast statt Phrasen,
weil du Zeit hast statt bequemer Stühle,
weil du dir Zeit nimmst –
statt sie zu hamstern;
weil du Zeit vergeudest,
wenn andere dich brauchen.
Geschenkte Zeit ist das Kostbarste,
was Menschen einander geben können.

ADALBERT LUDWIG BALLING

138. TAG

Wenn ihr jung bleiben wollt,
dann erhaltet euch die Fähigkeit des Staunens!
Ihr werdet ungeahnte Wunder entdecken,
die das Leben
überhaupt erst lebenswert machen.

W. Sangster

139. TAG

Das beste und wertvollste Kunstwerk ist nicht irgendeine Statue eines griechischen oder andern berühmten Künstlers, auch nicht der körperlich wohlgeartete und tüchtige Mensch, sondern der seelisch vollkommene Charakter, den die Selbsterkenntnis und die Selbstbearbeitung formen. Wer sich nicht auf sich selbst besinnt, der verarmt. Die Selbstbesinnung ist Buchführung über unser innerliches Vermögen. Nur durch die Beschäftigung mit uns selbst gewinnen wir immer wieder neue Kraft, speichern sie auf und lernen haushalten mit ihr.

Conrad Gräber

140. TAG

Erst in späteren Jahren übersehen wir die verschiedenen Ausdehnungen des Daseins und erfahren, warum es uns bestimmt war, das eine zu tun, das andere zu lassen. Um dieses tieferen Blickes willen lohnt sich das Altwerden.

CARL HILTY

141. TAG

Alles prüfe der Mensch,
sagen die Himmlischen,
daß er, kräftig genährt,
danken für alles lern',
und verstehe die Freiheit,
aufzubrechen, wohin er will.

FRIEDRICH HÖLDERLIN

142. TAG

Wie der Mensch nur dann seine Nebenmenschen kennt, wenn er sich selbst erforscht, und nur dann sich selbst ganz kennenlernt, wenn er andere erforscht; wie er dann nur andern nützt, wenn er sich selbst in Ordnung hält, und nur dann glücklich sein wird, wenn er andern nützlich ist, so wird ein Volk nur dann glücklich und frei sein, wenn es Sinn für das Wohl und die Freiheit und den Ruhm anderer Völker hat, und es wird hier wiederum diesen edlen Sinn nur dann erfolgreich betätigen können, wenn es erst seinen eigenen Haushalt tüchtig geordnet hat.

GOTTFRIED KELLER

143. TAG

Wir sollen die Erinnerung an das Trübe und Entmutigende, an die Niederlagen und Fehler und Irrtümer unseres Lebens auslöschen. Wir wollen statt dessen an das denken, was uns gelang, was wir erreichten.

PRENTICE MULFORD

144. TAG

Brücken machen Abgründe begehbar.
Brücken wachsen nicht,
sie müssen gebaut werden;
dazu braucht es Menschen.
Aber auch zwischen Menschen
gibt es Abgründe, die trennen.
Menschen brauchen Brücken,
die zum andern führen,
von dir zu mir.

MEINOLF KRAUS

145. TAG

Es gibt keine Norm für das Leben, es stellt jedem eine andere, einmalige Aufgabe, und so gibt es auch nicht eine angeborene und vorbestimmte Untauglichkeit zum Leben, sondern es kann der Schwächste und Ärmste an seiner Stelle ein würdiges und echtes Leben führen und anderen etwas sein, einfach dadurch, daß er seinen nicht selbstgewählten Platz im Leben und seine besondere Aufgabe annimmt und zu verwirklichen sucht.

HERMANN HESSE

146. TAG

Herz, mein Herz, sei nicht beklommen
Und ertrage dein Geschick.
Neuer Frühling gibt zurück,
Was der Winter dir genommen!

Und wieviel ist dir geblieben!
Und wie schön ist noch die Welt!
Und, mein Herz, was dir gefällt,
Alles, alles darfst du lieben.

HEINRICH HEINE

147. TAG

Etwas Großes wird durch das Zusammenwirken vieler kleiner Dinge hervorgebracht, die man sich zu einem Ganzen hat vereinigen lassen. Ich betrachte die Liebe – ebenso wie die Freundschaft – nicht etwa allein als ein Gefühl, sondern vor allem als eine Tat.

VINCENT VAN GOGH

148. TAG

Wage es, weise zu sein! Fang an!
Wer die Stunde des rechten Lebens
hinausschiebt, gleicht nur dem Bauern,
der darauf wartet, daß der Fluß versiegt,
bevor er ihn überquert.

QUINTUS HORATIUS FLACCUS

149. TAG

Was auch vor dir liegen mag –
wenn du heute zu essen hast,
heute das Sonnenlicht genießen,
heute mit guten Freunden
guter Dinge sein kannst,
genieße es und danke Gott dafür.

Schau nicht zurück auf glückliche Zeiten –
aber träume auch nicht
von künftigem Glück.
Nur das Heute ist dir gewiß.
Laß dich nicht darum betrügen.

Henry Ward Beecher

150. TAG

Ich will dir
einen Liebestrank verraten
ohne Arznei, ohne Heilkräuter,
ohne den Zauber
irgendeiner Giftmischerin:
wenn du geliebt werden willst,
so liebe.

Hekaton von Rhodos

151. TAG

Ruhe und Einsamkeit – eine Medizin,
die wegen ihrer Bitterkeit
gern gemieden wird.
Doch wer mutig einige Tropfen trinkt,
der spürt, welch verwandelndem Quell
er wahrhaft Heilung verdankt.

Heidi Weber

152. TAG

Sehen Sie in jedem Menschen ein Kind Gottes und seien Sie überzeugt, daß göttliche Liebe und göttliche Harmonie obsiegen.
Eine harmonische Lösung wird sich finden. Strahlen Sie gegenüber allen Menschen Wohlwollen und Freundlichkeit aus. Wünschen Sie ihnen Gesundheit, Glück, Frieden und alle Wohltaten des Lebens. Wenn Sie sich dies zur Gewohnheit machen, sorgen Sie für ihr eigenes Wohlergehen. Bei neunzig Prozent der Menschen, die im Leben keinen Erfolg haben, liegt der Grund darin, daß sie nicht mit ihren Mitmenschen zurechtkommen.

JOSEPH MURPHY

153. TAG

Sage nicht: „Es ist Morgen“,
um ihn dann mit seinem Namen von gestern
zu entlassen.
Blick ihn an,
zum erstenmal, wie ein neugeborenes Kind,
das noch keinen Namen hat.

RABINDRANATH TAGORE

154. TAG

Der ganze Lebenslauf eines Menschen ist Verwandlung; alle seine Lebensalter sind Fabeln derselben, und so ist das ganze Geschlecht in einer fortgehenden Metamorphose. Blüten fallen ab und welken; andere sprießen hervor und knospen; der ungeheure Baum trägt auf einmal alle Jahreszeiten auf seinem Haupte.

JOHANN GOTTFRIED HERDER

155. TAG

Sie können mehr Schönheit in Ihrer Welt haben, wenn Sie dort, wo sie sind, beginnen, wo immer es möglich ist, einen Tupfer Schönheit hinzuzufügen. Denken Sie dann viel über diesen Hauch Schönheit, den Sie hinterlassen haben, nach. Auf diese Weise wird sich die Schönheit in Ihrem Leben vervielfältigen. Schönheit zieht Schönheit an.

CATHERINE PONDER

156. TAG

Das Dasein der Persönlichkeit setzt Freiheit voraus. Die Persönlichkeit existiert in der Welt nur dadurch, daß es nicht bloß ein Reich der Notwendigkeit, sondern auch ein Reich der Freiheit gibt. Das Individuum ist determiniert, es kann auch ohne Freiheit existieren.

Die Persönlichkeit aber ist eine Manifestation der Freiheit, sie bedeutet den Kampf der Freiheit gegen die Notwendigkeit. Freiheit ist Geist im Unterschied zur Natur als dem Prinzip der Notwendigkeit. Die Persönlichkeit im Menschen zeugt nicht allein von der Freiheit, sondern auch vom Geiste.

NIKOLAI BERDJAJEW

157. TAG

Der Mensch vermag nicht das Große, er vermag nur das Kleine. Und das Kleine ist wichtiger als das Große. Wir können viel Gutes tun auf der Welt, wenn wir bescheiden sind.

FRIEDRICH DÜRRENMATT

158. TAG

Es sind die kleinen, harmlosen Freuden,
die uns beglücken und versöhnlich stimmen.
Man muß den winzigen Acker abernten
mit der Sichel der Bescheidenheit
und nicht vergessen, daß alle Dinge
nur aufleuchten zu dem Licht,
das aus uns selber kommt.

BRUNO H. BÜRGEL

159. TAG

Wenn wir verzeihen, so bedeutet das nicht, daß wir so tun, als wäre nichts geschehen... Vielmehr bedeutet es, daß eine böse Tat nicht mehr als Schranke die Verbindung stört. Verzeihung ist ein Katalysator, der die notwendige Atmosphäre für einen neuen Anfang schafft.

MARTIN LUTHER KING

160. TAG

Du sagst, du habest keine Zeit.
Nimmst du sie nicht, du hast sie nie.
Die Zeit ist allezeit bereit.
Nimm du sie nur, so hast du sie.

FRIEDRICH WILHELM WEBER

161. TAG

Wir brauchen Zeiten
der Entspannung und Zurückgezogenheit.
Dies sind vor allem die Zeiten,
in denen wir Abstand gewinnen.
Zeiten der Sammlung, Zeiten,
in denen die Liebe Wurzeln schlagen kann.

JOHN A.T. ROBINSON

162. TAG

Ich will. Das Wort ist mächtig,
spricht's einer ernst und still;
die Sterne reißt's vom Himmel,
das eine Wort: ich will.

Friedrich Halm

163. TAG

Achten Sie darauf, daß Sie andere nicht um Erfolg oder Wohlstand beneiden.
Ihr Denken ist schöpferisch, und wenn Sie gegenüber wohlhabenden oder erfolgreichen Menschen kritisch, neidisch oder eifersüchtig sind, machen Sie sich selbst in allen Bereichen arm. Was Sie über andere denken, das erzeugen Sie unweigerlich in Ihrem eigenen Leben.

Joseph Murphy

164. TAG

Wer wirklich gütig ist,
kann nie unglücklich sein;
wer wirklich weise ist,
kann nie verwirrt werden;
wer wirklich tapfer ist,
fürchtet sich nie.

Konfuzius

165. TAG

Glücklich ist der Mensch,
der sich stets selbst anspornt, selbst erforscht,
besonnen ist und sich selbst bewacht.

BUDDHA

166. TAG

Für mich selbst kann ich sagen, daß auch der kleinste Erfolg in meinem Leben weit eher meiner Begeisterung zuzuschreiben ist als etwa einer überlegenen Intelligenz. Ich war von Geburt an begeistert. Und in meinem ganzen Leben als Erwachsener fragte ich nach der Rolle der Begeisterung für den Erfolg.

DALE CARNEGIE

167. TAG

Das ist der Weisheit letzter Schluß,
nur der verdient sich Freiheit wie das Leben,
der täglich sie erobern muß.

JOHANN WOLFGANG VON GOETHE

Laotse

168. TAG

Nicht was die Dinge wirklich sind,
sondern was sie für uns in unserer Auffassung sind,
macht uns glücklich oder unglücklich.

ARTHUR SCHOPENHAUER

169. TAG

Der Mensch kann immer sehr viel für sein inneres Glück tun, und was er äußeren Verhältnissen sonst abbetteln müßte, sich selbst geben. Es kommt nur auf die Kraft des Entschlusses und einige Gewöhnung zur Selbstüberwindung an.

WILHELM VON HUMBOLDT

170. TAG

Ich kenne nichts Ermutigenderes
als die fraglose Fähigkeit des Menschen,
durch bewußte Anstrengung sein Leben
auf eine höhere Stufe zu bringen.

HENRY DAVID THOREAU

171. TAG

Über allem, was du tust, überlege zuerst und sei gerecht. Nimm dir Zeit zum Beratschlagen. Weißt du dann genau, was du willst, so bringe es schnell zum Abschluß. Weihgaben magst du zum Tempel bringen, aber deine Tugend ist wichtiger.

ALTÄGYPTISCHE WEISHEIT

172. TAG

Ein lauteres Herz –
das ist der Weg zu den Unsterblichen.
Prüfe dein Herz, vertiefe dich hinein,
wieder und wieder!
Und so geh deinen Weg, aufrichtig und lauter.

TAOISTISCHER SPRUCH

173. TAG

Freiheit ist ein Gut, das durch Gebrauch wächst,
durch Nichtgebrauch dahinschwindet.

CARL FRIEDRICH VON WEIZSÄCKER

174. TAG

Genieße die Freude, die dir zuteil wird, und trage das Leid, das dir auf die Schultern gelegt wird.
Wünsche dir erreichbare und nicht unerreichbare Dinge. Wie der Landmann sein Korn reifen sieht, so warte auch du mit Ruhe, was die Zeit bringt.

HINDUISTISCHER SPRUCH

175. TAG

Sieh nach den Sternen,
Und wenn der dunkle Erdentag,
wenn das irdische Gewölk sie dir verbirgt,
so denke an sie und vergiß nie,
daß sie über allen Wolken und Schatten,
über allem Sturm und Ungewitter lächeln.

WILHELM RAABE

176. TAG

Wer andere durchschaut, ist klug,
Wer sich selbst kennt, hat Einsicht,
Wer andere meistert, ist stark,
Wer sich selbst besiegt, hat Größe.

LAOTSE

177. TAG

Nie stille steht die Zeit,
der Augenblick entschwebt,
Und den du nicht benutzt,
den hast du nicht gelebt.
Und du auch stehst nie still,
der gleiche bist du nimmer,
Und wer nicht besser wird,
ist schon geworden schlimmer.
Wer einen Tag der Welt nicht nutzt,
hat ihr geschadet,
Weil er versäumt,
wozu ihn Gott mit Kraft begnadet.

Friedrich Rückert

178. TAG

Je mehr der Mensch handelt und das, was als Möglichkeit in ihm schlummert, zur Wirklichkeit macht, je näher kommt er seinem Ziel. In dieser Verwirklichung findet der Mensch immer mehr und mehr seinen wahren Ausdruck und erkennt sein eigentliches Wesen unter immer neuen Gestalten in seiner mannigfachen Wirksamkeit im Staat und in der Gesellschaft. Diese Erkenntnis führt ihn zur Freiheit.

Rabindranath Tagore

179. TAG

Die Freude wirkt nicht
Beglückend allein,
Sie malt auch ins Antlitz
Die Schönheit hinein.

THERESIA VON LISIEUX

180. TAG

Des Herzens Woge
schäumte nicht so schön empor
und würde Geist,
wenn nicht der alte
stumme Fels, das Schicksal,
ihr entgegenstände.

FRIEDRICH HÖLDERLIN

181. TAG

Die Seele der Menschheit, das Wesen ihrer Existenz liegt in dem Wechsel von Licht und Schatten. Das ist ein Wissen, das heute fehlt, eine bedächtige, geduldige Wärme, die unser gieriges, hastiges Zeitalter nicht begreift.

AUGUSTE RODIN

182. TAG

Sei sanft! Tu dein Bestes, um die Menschen zu begreifen, um zu helfen. Geh hinein in ihr Leid, in ihre Verlassenheit. Steig herab von dem Hügel deiner Selbstgenügsamkeit ins Tal der Menschen, die allein sind und die leiden, zu den Menschen in der Ebene ohne Schutz und ohne Geborgenheit. Sei nicht hart, auch nicht hart in deinem Urteil.

PHIL BOSMANS

183. TAG

Es ist aber der Geist des Menschen
nicht allein aus den Sternen
und den Elementen hergekommen,
sondern es ist auch ein Funke
aus dem Licht und der Kraft Gottes
darin verborgen.

JAKOB BOEHME

184. TAG

Jeder Mensch ist etwas Persönliches
und Einmaliges, und an Stelle
des persönlichen Gewissens
ein kollektives setzen zu wollen,
das heißt schon Vergewaltigung
und ist der erste Schritt
zu allem Totalitären.

HERMANN HESSE

185. TAG

Nicht gut ist, daß sich alles erfüllt, was du wünschest. Durch Krankheit erkennst du den Wert der Gesundheit, am Bösen den Wert des Guten, durch Hunger die Sättigung, in der Anstrengung den Wert der Ruhe.

HERAKLIT VON EPHESUS

186. TAG

Die Welt zu verbessern –
diese Möglichkeit ist uns
durch die Freiheit gegeben;
und es läßt sich einem Menschenleben
keine höhere Aufgabe stellen als die:
von jener Fähigkeit nach Kräften
Gebrauch zu machen.

Kurt Hiller

187. TAG

Glaube an dich! Handle nach den Grundsätzen der überzeugenden Begeisterung! Sei überzeugt, daß du mehr kannst, als du dir zutraust! Vergiß nie, daß du das erreichen kannst, was du dir ernsthaft vornimmst! Sei begeistert – denn Begeisterung vermag alles!

William A. Ward

188. TAG

Es gibt doch viele Freuden in unseres lieben Herrgotts seiner Welt! Wie viele Freuden werden zertreten, weil die Menschen meist nur in die Höhe gucken und, was zu ihren Füßen liegt, nicht achten.

Katharina Elisabeth Goethe
(Goethes Mutter)

189. TAG

So steh'n und fallen wir alle,
hat keiner gesicherten Stand.
Und geh ich mir selber verloren,
ich weiß mich ins Wunder geboren,
und falle, wo immer ich falle,
in Gottes gebreitete Hand.

Paul Graf Thun-Hohenstein

190. TAG

Ein Abgrund von Licht liegt verborgen im tiefsten Hintergrund des Lebens eines jeden von uns. Er ist strahlend, und er ist unergründlicher als irgendein Abgrund des Dunkels. Es ist der Abgrund der Wirklichkeit, der Existenz, der Tatsache, daß es die Dinge

wahrhaft gibt, und daß wir selbst unglaublich real sind.
Wir können diese Grundtatsache des Seins nicht zu Ende denken, aber wir können sie auch nicht wegdenken. Gar zu oft denken wir gar nicht an sie und, vor allem, danken nicht dafür. Unter all unserem Murren gibt es einen unbewußten Felsgrund der Dankbarkeit.

GILBERT KEITH CHESTERTON

191. TAG

Jeder von uns trägt in sich selber
die größte Kraft zur Gesundung
und Gesundheit, die wir kennen –
die Kraft positiver Gefühle.

JOHN A. SCHINDLER

192. TAG

Der Duft eines guten Werkes
ist in hundert Generationen
noch zu spüren.

CHINESISCHE WEISHEIT

193. TAG

Nicht mit der Laterne,
mit dem Herzen
suche die Menschen,
denn der Liebe allein
öffnen die Menschen ihre Herzen.

PETER ROSEGGER

194. TAG

Te Deum

Lobe den Herren, den mächtigen König der Ehren,
Meine geliebete Seele, das ist mein Begehren;
Kommet zu Hauf,
Psalter und Harfe, wacht auf,
Lasset den Lobgesang hören.

Lobe den Herren, der alles so herrlich regieret,
Der dich auf Adelers Fittichen sicher geführet,
Der dich erhält,
Wie es dir selber gefällt;
Hast du nicht dieses verspüret?

Lobe den Herren, der künstlich und fein dich bereitet,
Der dir Gesundheit verliehen, dich freundlich geleitet;
In wieviel Not
Hat nicht der gnädige Gott
Über dir Flügel gebreitet!

Lobe den Herren, der deinen Stand sichtbar gesegnet,
Der aus dem Himmel mit Strömen der Liebe geregnet;
Denke daran,
Was der Allmächtige kann,
Der dir mit Liebe begegnet.

Lobe den Herren, was in mir ist, lobe den Namen,
Alles, was Odem hat, lobe mit Abrahams Samen;
Er ist dein Licht,
Seele, vergiß es ja nicht,
Lobende, schließet mit Amen.

JOACHIM NEANDER

195. TAG

Der Anfang, das Ende,
O Herr, sie sind Dein.
Die Spanne dazwischen,
Das Leben war mein.
Und irrt ich im Dunkel
Und fand mich nicht aus,
Bei Dir, Herr, ist Klarheit
Und licht ist Dein Haus.

FRITZ REUTER

196. TAG

Wo ein Volk das Schöne liebt, wo es den Genius in seinen Künstlern ehrt, da weht wie Lebensluft ein allgemeiner Geist, da öffnet sich der scheue Sinn, der Eigendünkel schmilzt, und fromm und groß sind alle Herzen, und Helden gebiert die Begeisterung. Die Heimat aller Menschen ist bei solchem Volk, und gerne mag der Fremde sich dort verweilen.

FRIEDRICH HÖLDERLIN

197. TAG

Ich glaube, daß der Schöpfer
keinen größeren Beweis der Dankbarkeit
von uns begehrt, als daß wir uns
seiner Wohltaten erfreuen
und niemals mehr fordern,
als wir bereits genießen.

ANNA LUISE KARSCH

198. TAG

Still blickt der Himmel
mit all seinen Sternen
auf das Gewühl der Menschen
auf Erden herab.
So ruhig überschaut
dasselbe der Mensch,
der sich an Gott hält,
und seine Ruhe, seine Weisheit
und seine Stärke
vom Himmel schöpft.

JEAN PAUL

199. TAG

Das große offene Weltgeheimnis liegt in seiner ganzen Schönheit und Herrlichkeit vor uns im Lichte des eben gegenwärtigen Tages. Freue dich, daß du in der Welt bist und zu den Wundern gehörst.

WILHELM RAABE

200. TAG

Wohlwollen und Liebe können nicht gehegt werden, ohne den Träger selbst zu veredeln, und sie tun dieses am glänzendsten, wenn sie dem gelten, was man einen Feind oder Widersacher nennt.

GOTTFRIED KELLER

201. TAG

Was ein Mensch aus dem Leid, das ihm widerfährt, zu machen vermag, das ist so entscheidend für sein Leben wie das, was er aus einer großen Freude oder aus einem großen Glück zu gewinnen fähig ist.

OTTO HEUSCHELE

202. TAG

Wie gering dein Leben auch ist, geh ihm entgegen und liebe es; weiche ihm nicht aus und gib ihm keine schlimmen Namen. Es sieht am ärmsten aus, wenn du am reichsten bist. Wer überall Fehler findet, wird sie auch im Paradiese finden. Liebe dein Leben, so arm es ist.

HENRY DAVID THOREAU

203. TAG

Glück

Wanderer, nicht aus Fortunens Rade
Erwarte einst dein schönstes Los.
Zum Kriechen dünke dich zu groß,
Und ohne das verschenkt sie keine Gnade.
Den Pöbel laß im Staub zu ihren Füßen

Um vieles Geld und viele Sorgen flehn,
Der Freiheit leere Hand verschmähn,
Und sein erbettelt Gold mit Ängstlichkeit genießen.
Ein Diadem, das meine Stirn beschwert,
Ist keiner Hirtenbinde wert.

NEITHARDT VON GNEISENAU

204. TAG

Wonach du sehnlichst ausgeschaut,
Es wurde dir beschieden.
Du triumphierst und jubelst laut:
Jetzt hab ich endlich Frieden.

Ach, Freundchen, werde nicht so wild.
Bezähme deine Zunge.
Ein jeder Wunsch, wenn er erfüllt,
Kriegt augenblicklich Junge.

WILHELM BUSCH

205. TAG

Wer ist wirklich von vornehmer Abstammung? Wer von Natur eine gute Anlage zur sittlichen Vollkommenheit hat. Nur auf dies eine muß man sein Augenmerk lenken. Was die Vergangenheit sonst noch anlangt, so hat ein jeder seinen Ursprung dort, wo weiter zurück nur das Nichts war. Von diesem Uranfang der Welt bis auf unsere Zeit führt eine Kette, die abwechselnd aus prächtigen und armseligen Gliedern gebildet ist. Wahren Adel verleiht uns nicht eine Vorhalle mit rauchgeschwärzten Bildern unserer Vorfahren. Niemand hat zu unserem Ruhme gelebt, und was vor uns war, gehört uns nicht an. Adel verleiht uns unsere geistige Haltung, wenn wir die Kraft finden, uns aus jeder Lage über das Schicksal zu erheben.

MARCUS ANNAEUS SENECA

Albert Schweitzer

Hermann Hesse

206. TAG

Wieviel Schönheit
Ist auf Erden unscheinbar verstreut;
Möcht' ich immer mehr
Des inne werden;
Wieviel Schönheit,
Die den Taglärm scheut,
In bescheidnen alt und jungen Herzen!
Ist es auch ein Duft
Von Blumen nur,
Macht es holder doch
Der Erde Flur
Wie ein Lächeln
Unter vielen Schmerzen.

CHRISTIAN MORGENSTERN

207. TAG

Das Gebet ist eine ebenso wirkliche Kraft wie die Schwerkraft. Als Arzt habe ich gesehen, wie Menschen, bei denen alle Heilmittel versagt haben, durch die stille Kraft des Gebets aus Krankheit und Schwermut herausgehoben wurden. Nur im Gebet erreichen wir jene völlige und harmonische Dreieinheit von Körper, Geist und Seele, die dem gebrechlichen Menschengeschöpf seine unerschütterliche Stärke verleiht.

ALEXIS CARREL

208. TAG

Der Schatzgräber

Arm am Beutel, krank am Herzen
Schleppt ich meine langen Tage.
Armut ist die größte Plage,
Reichtum ist das höchste Gut!
Und, zu enden meine Schmerzen,
Ging ich, einen Schatz zu graben.
Meine Seele sollst du haben!
Schrieb ich hin mit eignem Blut.

Und so zog ich Kreis um Kreise,
Stellte wunderbare Flammen,
Kraut und Knochenwerk zusammen:
Die Beschwörung war vollbracht.
Und auf die gelernte Weise
Grub ich nach dem alten Schatze
Auf dem angezeigten Platze;
Schwarz und stürmisch war die Nacht.

Und ich sah ein Licht von weiten,
Und es kam gleich einem Sterne
Hinten aus der fernsten Ferne,
Eben als es zwölfe schlug.
Und da galt kein Vorbereiten:
Heller wards mit einem Male
Von dem Glanz der vollen Schale,
Die ein schöner Knabe trug.

Holde Augen sah ich blinken
Unter dichtem Blumenkranze;
In des Trankes Himmelsglanze
Trat er in den Kreis herein.
Und er hieß mich freundlich trinken.

Und ich dacht: es kann der Knabe
Mit der schönen lichten Gabe
Wahrlich nicht der Böse sein.

„Trinke Mut des reinen Lebens!
Dann verstehst du die Belehrung,
Kommst, mit ängstlicher Beschwörung,
Nicht zurück an diesen Ort.
Grabe hier nicht mehr vergebens.
Tages Arbeit, abends Gäste!
Saure Wochen, frohe Feste!
Sei dein künftig Zauberwort."

JOHANN WOLFGANG VON GOETHE

209. TAG

Vieles, was Sanftmut, Gütigkeit, Kraft zum Verzeihen, Wahrhaftigkeit, Treue, Ergebung in Leid unser geworden ist, verdanken wir Menschen, an denen wir solches erlebt haben ... So hat jeder von uns in tiefem Danke derer zu gedenken, die Flammen in ihm entzündet haben. So weiß auch keiner von uns, was er wirkt und was er Menschen gibt.

ALBERT SCHWEITZER

210. TAG

Hast ist sinnlos, denn der Hastige kommt weniger schnell an seine letzten Ziele als der Ruhige. Die Arbeit des Ruhigen schreitet wohlüberlegt gradlinig auf ihr Ziel hin; der Kurs des Hastigen dagegen ist Zickzack. Er verzappelt seine Kräfte, während die gebändigte Energie des Ruhigen ungeschmälert ins Werk eingeht. Hat man schon einen Hastigen gefunden, der Großes leistete.

UWE JENS KRUSE

211. TAG

Welche Dinge aber, ihr Mönche,
sind weise zu entfalten?
Geistesruhe und Hellblick. Diese Dinge,
heißt es, sind weise zu entfalten.
Welche Dinge aber, ihr Mönche, sind weise
zu verwirklichen?
Wissen und Befreiung. Diese Dinge,
heißt es, sind weise zu verwirklichen.
Diese vier Dinge gibt es, ihr Mönche.

BUDDHA

212. TAG

Täglich zu singen

Ich danke Gott und freue mich
Wie's Kind zur Weihnachtsgabe,
Daß ich bin, bin! und daß ich dich,
Schön menschlich Antlitz! habe;

Daß ich die Sonne, Berg und Meer
Und Laub und Gras kann sehen
Und abends unterm Sternenheer
Und lieben Monde gehen;

Und daß mir denn zumute ist,
Als wenn wir Kinder kamen
Und sahen, was der Heil'ge Christ
Bescheret hatte, Amen!

Ich danke Gott mit Saitenspiel,
Daß ich kein König worden;
Ich wär geschmeichelt worden viel
Und wär vielleicht verdorben.

Auch bet ich ihn von Herzen an,
Daß ich auf dieser Erde
Nicht bin ein großer, reicher Mann
Und auch wohl keiner werde.

Denn Ehr und Reichtum treibt und bläht,
Hat mancherlei Gefahren,
Und vielen hats das Herz verdreht,
Die weiland wacker waren.

Und all das Geld und all das Gut
Gewährt zwar viele Sachen;
Gesundheit, Schlaf und guten Mut,
Kanns aber doch nicht machen.

Und die sind doch, bei Ja und Nein!,
Ein rechter Lohn und Segen!
Drum will ich mich nicht groß kastein
Des vielen Geldes wegen.

Gott gebe mir nur jeden Tag,
Soviel ich darf zum Leben.
Er gibts dem Sperling auf dem Dach;
Wie sollt ers mir nicht geben!

MATTHIAS CLAUDIUS

213. TAG

Der höhere Mensch macht Rechtlichkeit zur Grundlage seines Seins. Er bringt sie zur Geltung mit Schicklichkeit und Rücksicht. Er spricht von ihr mit Bescheidenheit und führt sie durch mit Aufrichtigkeit und Treue.
Wahrlich, so ist der höhere Mensch.

KONFUZIUS

214. TAG

Alle äußeren und materiellen Güter liegen außerhalb unserer Macht. Das höchste Gut kann daher nur innerhalb des Geistes gesucht werden. Im Gebiet der Erkenntnis und des Willens freilich werden die Glücksgüter gewöhnlich höher gepriesen, aber das größte Gut des Menschen ist der Zustand der Harmonie; welcher Art sie aber auch sei, sie findet sich nur in unserm Innern, nur die Seele hat Frieden.

René Descartes

215. TAG

Ich habe mich so oft gefragt, ob nicht gerade die Tage, die wir gezwungen sind, müßig zu sein, diejenigen sind, die wir in tiefster Tätigkeit verbringen? Ob nicht unser Handeln, selbst wenn es später kommt, nur der letzte Nachklang einer großen Bewegung ist, die in untätigen Tagen in uns geschieht? Jedenfalls ist es sehr wichtig, mit Vertrauen müßig zu sein, mit Hingabe, womöglich mit Freude.

Rainer Maria Rilke

216. TAG

Der Schlüssel zu Gesundheit, Reichtum, Wohlergehen und Erfolg im Leben liegt für Sie in der jedermann gegebenen Fähigkeit, Entscheidungen zu treffen, in maßgebenden wie auch nebensächlichen Belangen zu wählen.
Jeder Mensch ist zum Glücklichsein auserkoren und deshalb mit göttlichen Fähigkeiten und Kräften ausgestattet, die ihn zum Herrn über sein Schicksal, zum Kapitän seines Lebensschiffes machen.

JOSEPH MURPHY

217. TAG

Wir brauchen mehr und mehr Menschen in der Welt, die an das Gute glauben und, von diesem Glauben bestärkt, das Chaos überwinden. Wir benötigen seit eh und je lebensfreundliche, dem Menschen adäquate Ordnungen, die sich unser nicht bemächtigen und uns in ihren Dienst zwingen, sondern dem Menschen helfen, Mensch zu sein.

HERMANN GMEINER

218. TAG

Ein Mensch muß sich öffnen können, moralisch öffnen, indem er „großartig“ ausruft, wenn einmal ein Eindruck es fordert. In einem selbst ist etwas von solchem Stoffe, wenn man sich für Großartiges herzhaft aufmachen kann.

JOACHIM GÜNTHER

219. TAG

Armut ist eine Sandbank,
Reichtum ist ein Felsen
im Meere des Lebens.
Die Glücklichen
schiffen hindurch.

LUDWIG BÖRNE

220. TAG

Teilnahme an den Leiden anderer
läßt weniger Raum für eigenes Leiden
und führt schließlich dazu,
daß wir über unser eigenes kleines
Ich hinauswachsen.

LAMA GOVINDA

221. TAG

Die Wunschlosigkeit
glücklicher Menschen
kommt von der Windstille
der Seele, die ihnen
das Glück geschenkt hat.

François la Rochefoucauld

222. TAG

Stärker als das Schicksal ist die Seele, sie selbst ist ihr Führer nach beiden Seiten, sie ist selbst Ursache eines glücklichen oder unglücklichen Lebens. Der Böse wendet alles zum Bösen, auch was sich anscheinend als Bestes eingeführt hat, der Rechtschaffene und Untadelige gleicht die Unbilden des Schicksals aus, lindert seine Härten und Schärfen durch einsichtsvolle Geduld; und so, wie er das Erwünschte dankbar und bescheiden aufnimmt, so erträgt er auch das Widerwärtige standhaften und tapferen Sinnes.

Marcus Annaeus Seneca

223. TAG

Das menschliche Leben stellt einen Brückenschlag von der göttlichen Einsicht zur Gesamtheit der Schöpfung dar. Es existiert zu dem Zweck, göttliche Macht, Einsicht, Glückseligkeit und Fülle entstehen zu lassen und sie an die ganze Schöpfung weiterzugeben. Dies ist der hohe Sinn des menschlichen Lebens.

Maharishi Mahesh Yogi

224. TAG

Wag zu sein wie Daniel,
wage es, allein zu steh'n.
Wage es, ein Ziel zu haben,
wage es! Und laß es seh'n!

Altes englisches Kirchenlied

225. TAG

Verlerne das nie: dich nach der Arbeit auszurasten und auszuträumen! Geh nicht auf im Erwerben, im Abrakkern von Körper und Geist. Und wenn es nur Stunden der Muße sind, wahre dir die Stunden, da du in das Schöne, das Große hineinsiehst, das über uns allen im Lichte schwebt. Jede solche Stunde, innig genossen, wird dir Kraft geben für viele andere Stunden.

Ferdinand Avenarius

226. TAG

Fehlt's hier und da,
sei unverzagt,
laß Sorg und Kummer schwinden.
Der mir das Goße nicht versagt,
wird Rat zum Kleinen finden.

Paul Gerhardt

227. TAG

Der geistige Raum ist voll unerschöpflicher Kräfte; die Gedanken, die in Jahrhunderten gedacht wurden, leben in ihm und bilden Kraftzentren, von denen wie aus uralten Waldquellen immer wieder neue Kraft und Heil ausgehen. Es sind aber nicht nur die Gedanken der Denker und Weisen, es sind auch die Werke der Dichter und Künstler, die ihm sein Gepräge geben, die Gesichte der Heiligen und die Erinnerungen an die Taten der Helden formen an ihm mit.

Otto Heuschele

228. TAG

Was sollte man tun, um sich nicht zu fürchten? Sich „wenig fürchten“ bedeutet, „mutig“ zu sein. Wie kann man aber mutig oder tapfer werden? – Da alles, was im Bewußtsein bestätigt wird, sich in der Wirklichkeit manifestiert, sollte der, der sich Mut wünscht, bewußt versichern, daß er bereits mutig ist.
Jeden Tag sollte er sich sagen: „Da ich ein Kind Gottes bin, bin ich mutig; ich bin tapfer. Mut besitze ich bereits.“
Ständige Wiederholung dieser Bejahung wird dem Unterbewußtsein den Eindruck eingravieren, „daß ich Mut besitze“, und das wird bei Gelegenheit das mutige Selbst an die Oberfläche bringen, das aus der „wirklichen, gottgeschaffenen Welt“ stammt.

MASAHARU TANIGUCHI

229. TAG

Das größte Glück des Menschen ist, daß er selber
Urheber seiner Glückseligkeit ist,
wenn er fühlt, das zu genießen,
was er selbst sich erworben hat.

IMMANUEL KANT

230. TAG

Wo wirklicher Geist war, Geist vom Geiste Gottes, schöpferischer Geist, da ist immer etwas durchgesetzt worden, auch gegen eine Welt in Waffen, da ist immer etwas Neues und Gutes aufgewachsen, da ist immer ein Weg gewesen und ein offenes Tor, so daß selbst auf unserer dunklen Erde, wo die Masse, die Zahl und das Gewicht alles zu entscheiden scheint, daß selbst auf dieser Welt es offenbar geworden ist: mächtig und siegreich und endgültig ist auf die Dauer nur die Wahrheit und das Recht und die Liebe, das heißt der Geist, der Heilige Geist. Alles andere vergeht, der Geist aber besteht. Wer mit dem Geist Gottes verbündet ist, der trägt den Sturmwind in seinen Händen...

PETER LIPPERT

231. TAG

Ich weiß, daß ich ein Kind des lebendigen Gottes bin. Geist von seinem Geiste, und daher in gleicher Weise schöpferisch wie Gott, der durch mein Inneres lebt und wirkt. Ich weiß, daß ich im Einklang mit Gottes Allgegenwart das Gute für mich und meine Mitmenschen verwirklichen kann.

JOSEPH MURPHY

232. TAG

Apathie kann nur durch Begeisterung überwunden werden, und Begeisterung wird nur durch zwei Dinge erweckt: erstens durch ein Ideal, das die Phantasie im Sturm erobert, zweitens durch einen präzisen, klaren Plan zur Verwirklichung dieses Ideals.

ARNOLD TOYNBEE

233. TAG

Wir können vital und freudig leben, wenn wir unsere Einstellung, die niederdrückend wirkt, wegspülen und unsern Geist mit schöpferischen und gläubigen Gedanken füllen.
Unser Lebensgefühl hängt von dem anregenden, verwandelnden und belebenden Glauben ab, der uns durchdringt. Wenn wir uns die nachteilige Wirkung vergegenwärtigen, die jahrelange negative Gedanken auf Geist und Gemüt ausüben können, so werden wir leicht verstehen, warum wir schwunglos werden. Damit wir uns lebendig und wohl fühlen, müssen wir täglich unser ganzes Wesen positiv stimmen.

NORMAN VINCENT PEALE

234. TAG

Wenn Du zum Leben und allem, was es bereit hält, „Ja" sagst, dann, ja dann vermagst Du zu zaubern, zu verwandeln – ganz besonders, wenn Du es nicht nur sagst, sondern ganz bist, ganz und gar aus „Ja" bestehst. Dann vermagst Du Dich in Höhen zu erheben, aus denen heraus Du die Fesseln der Verneinung sprengst.

HEIDI WEBER

235. TAG

Wenn dich Glückswechsel trifft,
denk, um dich nicht zu grämen:
Abnehmen muß der Mond,
um wieder zuzunehmen.

FRIEDRICH RÜCKERT

236. TAG

Welt und ich

Im großen ungeheuren Ozeane
Willst du, der Tropfe, dich in dich verschließen?
So wirst du nie zur Perl zusammenschießen,
Wie dich auch Fluten schütteln und Orkane!

Nein! öffne deine innersten Organe
Und mische dich im Leiden und Genießen
Mit allen Strömen, die vorüberfließen:
Dann dienst du dir und dienst dem höchsten Plane!

Und fürchte nicht, so in die Welt versunken,
Dich selbst und dein Ureignes zu verlieren:
Der Weg zu dir führt eben durch das Ganze!

Erst wenn du kühn von jedem Wein getrunken,
Wirst du die Kraft im tiefsten Innern spüren,
Die jedem Sturm zu stehn vermag im Tanze!

FRIEDRICH HEBBEL

237. TAG

Verliert euer Ich. Nur der wird ernten, der mit vollen Händen sein Saatkorn in weitem Bogen über die Furchen streut. Was im Speicher dorrt, vermehrt sich nicht und kann verderben.

WALTHER RATHENAU

Franz Kafka, Federzeichnung im Manuskript des Romans „Der Prozeß“.

238. TAG

Ich liebe das Geschlecht der kommenden Jahrhunderte. Denn dies ist meine seligste Hoffnung, der Glaube, der mich stark erhält und tätig, unsere Enkel werden besser sein als wir, die Freiheit muß einmal kommen, und die Tugend wird besser gedeihen in der Freiheit heiligem erwärmendem Lichte, als unter der eiskalten Zone des Despotismus. Wir leben in einer Zeitperiode, wo alles hinarbeitet auf bessere Tage. Diese Keime von Aufklärung, diese stillen Wünsche und Bestrebungen einzelner zur Bildung des Menschengeschlechts werden sich ausbreiten und verstärken, und herrliche Früchte tragen.

FRIEDRICH HÖLDERLIN

239. TAG

Das Glück
wohnt nicht im Besitz
und nicht im Golde,
das Glücksgefühl
ist in der Seele zu Hause.

DEMOKRIT

240. TAG

Schenken erfordert Güte und Klugheit. Klugheit ohne kleinliche Berechnung. Eine gewisse Leichtigkeit muß im richtigen Schenken sein, ein Strömen: Schenken, wie der Schenk den erfrischenden Trunk in den Becher rinnen läßt...

JOHANNES GÜNTHER

241. TAG

Man soll das Denken nicht aufschieben, bis man im Sumpfe bis an den Hals steckt, es muß zum voraus geschehen. Durch die wiederholte und gereifte Überlegung komme man überall dem äußersten Mißgeschick zuvor. Das Kopfkissen ist eine stumme Sybille; und sein Beginnen vorher beschlafen ist besser, als nachmals darüber schlaflos liegen.

BALTHASAR GRACIAN

242. TAG

Anteilnahme, das kann niemand bestreiten, heißt auch etwas riskieren. Der Mensch, den man liebt, kann einem weh tun; die zerstrittenen Freunde, die man versöhnen möchte, können ihre Wut an dem Schlichter auslassen; der Ertrinkende, den man retten will, kann einen in die Tiefe ziehen. Doch wenn wir immer nur darauf bedacht sind, Schmerzen und Enttäuschungen zu vermeiden, werden wir kalt und unmenschlich.

MORTON HUNT

243. TAG

Die Welt ist ein Spiegel, in welchem ein jeder sein eigenes Antlitz erblickt. Wer mit saurer Miene hineinschäumt, sieht darin ein saures Gesicht, und wer hineinlächelt, findet darin einen fröhlichen Gefährten.

WILLIAM THACKERAY

244. TAG

Dem wohlmeinenden Menschen erwächst die Pflicht, in seinem Kreis unentwegt zu versuchen, die Lehre der reinen Menschlichkeit lebendig zu machen, so gut er es vermag. Wenn er dies ehrlich versucht, ohne von den Zeitgenossen verstoßen und vernichtet zu werden, so darf er sich und seine Gemeinschaft glücklich preisen.

ALBERT EINSTEIN

245. TAG

Gedankenwellen sind viel mächtiger als Wellen von Sprache und Tätigkeit. Durch jeden Gedanken, jedes Wort und jede Tat rufen wir eine bestimmte Wellenbewegung in der Atmosphäre hervor. Gedankenwellen aber sind besonders durchdringend. Wenn wir voll Freude, voller Freundschaft und Liebe für die ganze Welt sind, so empfangen wir Liebe von allen Seiten.

MAHARISHI MAHESH YOGI

246. TAG

Wenn man an den Erfolgen anderer Anteil nimmt und allen Leuten die richtige Wertschätzung angedeihen läßt, die ihnen gebührt, wenn man zuzuhören versteht, Empfindsamkeit, Toleranz, Sicherheit und ein gutes Herz besitzt, dann bringt man Glück in die Gesellschaft, in der man lebt.

KARL JOSEPH FÜRST VON LIGNE

247. TAG

Wir Menschen, die von der Kühnheit
unserer Gedanken und vom Beben
unseres Herzens beherrscht werden,
wir sind selbst die Erfinder
aller Wunder und aller Märchen der Welt.

JOSEPH CONRAD

248. TAG

Ein Traum kann diese Sehnsucht nach Glück nicht sein, die von der Gottheit selbst so unauslöschlich in unserer Seele erweckt ist und durch welche sie unverkennbar auf ein für uns mögliches Glück hindeutet. Glücklich zu sein ist ja der erste aller unserer Wünsche, der laut und lebendig aus jeder Ader und jedem Nerv unseres Wesens spricht, der uns durch den ganzen Lauf unseres Lebens begleitet, der schon dunkel in den ersten kindlichen Gedanken unserer Seele lag und den wir endlich als Greise mit in die Gruft nehmen werden.

HEINRICH VON KLEIST

Drei Worte

Dem Menschen ist aller Wert beraubt,
Wenn er nicht mehr an die drei Worte glaubt:

Der Mensch ist frei geschaffen, ist frei,
Und würd er in Ketten geboren,
Laßt euch nicht irren des Pöbels Geschrei,
Nicht den Mißbrauch rasender Toren;
Vor dem Sklaven, wenn er die Kette bricht,
Vor dem freien Menschen erzittert nicht.

Und die Tugend, sie ist kein leerer Schall,
Der Mensch kann sie üben im Leben,
Und soll er auch straucheln überall,
Er kann nach der göttlichen streben;
Und was kein Verstand der Verständigen sieht,
Das übet in Einfalt ein kindlich Gemüt.

Und ein Gott ist, ein heiliger Wille,
Wie auch der menschliche wanke,
Hoch über der Zeit und dem Raume webt
Lebendig der höchste Gedanke;
Und ob alles in ewigem Wechsel kreist,
Es beharret im Wechsel ein ruhiger Geist.

FRIEDRICH SCHILLER

250. TAG

Sammle dir jeden Tag etwas Ewiges,
das dir kein Tod raubt,
das den Tod und das Leben
dir lieblicher jeden Tag macht.

JOHANN KASPAR LAVATER

251. TAG

Viele Menschen, vielleicht die meisten, nutzen nur einen geringen Teil ihrer Lebenskraft. Jeder Mensch beherbergt eine unerschöpfliche Quelle an Stärke. Das zu wissen und daran glauben kann dieses Reservoir öffnen. Diese Quelle der Lebenskraft ist stärker als alle Hindernisse, die wir bewältigen müssen. Ein gesundes Selbstvertrauen überwindet alle Schwierigkeiten und Hindernisse.

NORMAN VINCENT PEALE

252. TAG

Herr, mach aus mir
ein Werkzeug Deiner Liebe!
wo Haß herrscht,
laß mich Liebe bringen,
wo Kränkung, die Vergebung,
wo Zwietracht, die Versöhnung,
wo Zweifel, die Hoffnung,
wo Finsternis, Dein Licht,
wo Traurigkeit, die Freude.

Franz von Assisi

253. TAG

Es kommt auf der Lebensfahrt
auf einige Schwankungen der Kompaßnadel
nicht an, wenn sie sich nur schließlich
beruhigt und auf das rechte Ziel weist.

Julius Langbehn

254. TAG

Alles hören und in dich aufnehmen, doch nicht urteilen über etwas, worüber du noch im Zweifel bist; über den Rest vorsichtig und zurückhaltend reden, so wirst du den Menschen wenig Gelegenheit geben, deine Worte zu tadeln. Alles sehen, doch was dich in Gefahr bringen könnte, fern halten und vermeiden; beim Rest behutsam sein in dem, was du tust, so wirst du wenig zu bereuen haben. Wenn du in deinen Worten wenig Gelegenheit zu Tadel gibst und in deinen Handlungen wenig zu bereuen hast, so wirst du sicher Gewinn haben.

Konfuzius

255. TAG

Indem wir die Einheit des Menschengeschlechtes behaupten, widerstreben wir auch jeder unerfreulichen Annahme von höheren und niederen Menschenrassen. Es gibt bildsamere, höher gebildete, durch geistige Kultur veredelte, aber keine edleren Volksstämme. Alle sind gleichmäßig zur Freiheit bestimmt; zur Freiheit, welche in roheren Zuständen dem einzelnen, in dem Staatenleben bei dem Genuß politischer Institutionen der Gesamtheit als Bereicherung zukommt... Schon das Kind sehnt sich über die Hügel, über die Seen hinaus, welche seine enge Heimat umschließen; es sehnt sich dann wieder pflanzenartig zurück: denn es ist das Rührende und Schöne im Menschen, daß Sehnsucht nach Erwünschtem und Verlorenem ihn immer bewahrt, ausschließlich an dem Augenblicke zu haften. So festgewurzelt in der innerlichsten Natur des Menschen, und zugleich geboten durch seine höchsten Bestrebungen, wird jene wohlwollend menschliche Verbindung des ganzen Geschlechts zu einer der großen leitenden Ideen in der Geschichte der Menschheit.

Wilhelm von Humboldt

256. TAG

Immer soll man bereit sein für das Außergewöhnliche, unbekümmert um das Bisherige; immer bereit auch, ungewohnte Dinge zu erleben, ungewöhnliche Beziehungen anzuknüpfen, ungewöhnliche Fragen zu stellen, ungewöhnliche Leistungen anzubieten und in ungewöhnlichen Formen des Angebotes.

HANS TOR STRAATEN

257. TAG

In jeder Freude ist ein Antrieb zum Guten. Wer weiß nicht und hat es nicht auch an sich selbst schon erlebt, daß in heiteren Momenten das Herz sich weitet, andern Freude zu bereiten, die Hand von selbst sich zum Wohltun öffnet.

ALEXANDER MARGOLIUS

258. TAG

Wenn man den Sternhimmel betrachtet, steht eine Schönheit vor uns auf, die uns entzückt und beseligt. Und es wird ein Gefühl in unsere Seele kommen, das alle unsere Leiden und Bekümmernisse majestätisch überhüllt und verstummen macht und uns eine Größe und Ruhe gibt, der man sich andächtig und dankbar beugt.

ADALBERT STIFTER

259. TAG

Selbstvertrauen ist das erste Geheimnis des Erfolges; der Glaube: wenn ich hier bin, so haben die Leiter des Weltalls mich an diesen Platz gestellt, und sie haben ihre Gründe dazu gehabt.

RALPH WALDO EMERSON

260. TAG

Geben wir uns doch inneren Frieden! Der innere Frieden aber wird uns zuteil werden durch unablässige Beschäftigung mit heilsamen Lebensregeln, durch Verwirklichung guter Taten und durch einen festen Willen, dessen Streben einzig auf das sittlich Gute gerichtet ist. Das Gewissen sei die Richtschnur unseres Handelns, das Gerede der Leute soll uns gleichgültig sein.

MARCUS ANNAEUS SENECA

261. TAG

Was frag ich viel nach Geld und Gut,
Wenn ich zufrieden bin!
Gibt Gott mir nur gesundes Blut,
So hab ich frohen Sinn
Und sing aus dankbarem Gemüt
Mein Morgen- und mein Abendlied.

JOHANN MARTIN MILLER

262. TAG

Nicht nur der ist der Reichste, der am wenigsten bedarf, noch reicher ist, wer zu danken vermag, wer imstande ist, sich allezeit in Freude zu vergegenwärtigen, was ihm geblieben ist. Denn unser ist alles, was wir uns schauend oder in der Kraft des Herzens aneignen.

HEINRICH WOLFGANG SEIDEL

263. TAG

Pflege den Zustand der Erwartung in dir,
einer stillen, bescheidenen, heiteren und festen
Erwartung,
dann bist du wie ein Land bereit,
die Samen der Lüfte zu empfangen,
zu blühen und Frucht zu tragen.

FRIEDRICH KAYSSLER

264. TAG

Danken Sie für jeden Tag ohne Not, für alles Gute und Schöne und machen Sie sich dadurch bewußt, wieviel Positives Sie erleben dürfen. Bemühen Sie sich guten Willens um besseres Denken und Handeln in jeder Hinsicht, und schließen Sie sich damit an den Strom aufbauender geistiger Energie an.

ROLAND SCHUPP

265. TAG

Um zufrieden zu sein,
das heißt, über der Not zu stehen,
kommt es nicht darauf an,
was man hat,
sondern darauf,
was man ist.

JEREMIAS GOTTHELF

266. TAG

Das Glück ist in uns.
Wie wäre es sonst möglich,
daß ein Bettler lächeln,
und ein Reicher
es verlernt haben kann.

CURT GOETZ

267. TAG

Es ist gut denkbar, daß die Herrlichkeit des Lebens um jeden und immer in ihrer ganzen Fülle bereitliegt, aber verhängt in der Tiefe, unsichtbar, sehr weit.
Aber sie liegt dort, nicht feindselig, nicht widerwillig, nicht taub. Ruft man sie mit dem richtigen Namen, dann kommt sie.

FRANZ KAFKA

268. TAG

Güte ist die höchste
unter den menschlichen Eigenschaften;
wo sie mit Größe zusammentrifft,
erscheint das Vollkommenste,
was die Erde hervorbringt.

Ricarda Huch

269. TAG

Wie mit den Lebenszeiten,
so ist es auch mit den Tagen,
keiner ist uns genug,
keiner ist ganz schön,
und jeder hat, wo nicht seine Plage,
doch seine Unvollkommenheit,
aber rechne sie zusammen,
so kommt eine Summe Freude und Leben heraus.

Friedrich Hölderlin

270. TAG

Was uns am unmittelbarsten beglückt, ist die Heiterkeit des Sinnes; denn diese gute Eigenschaft belohnt sich augenblicklich selbst. Wer fröhlich ist, hat allemal Ursache, es zu sein: nämlich ebendiese, daß er es ist.

Arthur Schopenhauer

271. TAG

Erst wenn ich Lichtes denke,
leuchtet meine Seele;
Erst wenn meine Seele leuchtet,
ist die Erde ein Stern;
erst wenn die Erde ein Stern ist,
bin ich wahrhaft ein Mensch.

Herbert Hahn

272. TAG

Der Liebende ist der wahre Lebende. Er ist seiner selbst und seiner Welt sicher. In ihm ist der begnadete Ausgleich. Selbst in seiner Schwäche ist Stärke, in seiner Hingabe Beherrschung, in seiner Unterordnung Überwindung. Die Paradoxa schwinden, und in einer Gleichsinnigkeit sondergleichen verlaufen die Wege der Liebe.

Max Roden

273. TAG

Vertrauen und Achtung, das sind die beiden unzertrennlichen Grundpfeiler der Liebe, ohne welche sie nicht bestehen kann, denn ohne Achtung hat die Liebe keinen Wert und ohne Vertrauen keine Freude... Edler und besser sollen wir durch die Liebe werden.

HEINRICH VON KLEIST

274. TAG

Wer seinen Geist froh hält und an allen Dingen nur die gute Seite sieht, wer sich nie geistig unterkriegen läßt, sondern immer den Kopf oben und den Mut im Herzen behält, der setzt jene feinen stillen Kräfte in Bewegung, die ihm jeden Schritt im Leben leichter machen.

RALPH WALDO TRINE

275. TAG

Aufmunterung

Faßt Mut und seid mir nicht so weinerlich,
So schlappisch und so griesgramgreinerlich,
So dämlich und so ochsentrampelich,
So ächt teutonisch hahnebampelich,
So kribblig und so achselzuckerlich,
So wupperhaftig hypermuckerlich,
So ewig jammertönefletscherlich,
So ewig tränendrüsenquetscherlich,
So geistlos freudelos wortspielerlich,
So lyrumlarumlöffelstielerlich!

LUDWIG KALISCH

276. TAG

Trost

Wenn dich Glück und Freunde fliehen,
Sei du nicht zu tief besorgt,
Wie besitzen nur geliehen
Ist verloren nur geborgt.

So an trüben Herbstestagen,
Wenn erlosch des Jahres Glanz,
Schau im Wind die Blätter jagen,
Ein entfleischter Totentanz.

Carl Zuckmayer

Antoine de Saint-Exupéry
Zeichnung zum Märchen „Der kleine Prinz“.

Aber kaum der Lenz erschienen,
Zahlt ein Erbe, lusterstarkt,
Er mit barem, blanken Grünen,
Was der Vorfahr abgekargt.

Hold von neuem sind die Götter,
Üb'rall Wonne, Lust und Licht,
Neue Freuden, neue Blätter –
Freilich nur dieselben nicht.

FRANZ GRILLPARZER

277. TAG

Nur wo die Würde des Menschentums bewahrt wird, wird auch die Ordnung des menschlichen Daseins sich dergestalt fügen lassen, daß sie dem Menschen zum Heil wird. Wir sind uns der Gefahr, in der der Mensch sich befindet, wohl bewußt. Wir möchten aber den Glauben nicht aufgeben, es habe sich ein innerster Kern reinen und edlen Menschentums erhalten, der, wenn auch weit zerstreut, in einzelnen die Mitte eines erneuerten Lebens bilden kann.

OTTO HEUSCHELE

278. TAG

Leicht zu leben ohne Leichtsinn,
heiter zu sein ohne Ausgelassenheit,
Vertrauen und freudige Ergebung zeigen,
ohne Fatalismus,
das ist die Kunst des Lebens.

THEODOR FONTANE

279. TAG

Wie sollten wir leben, wenn wir nicht glauben wollten, und was wäre des Glaubens würdiger als das Hohe, das sich verbirgt, und das Ungreifbare, das sich dem gebundenen Sinn, dem stumpfen Herzen versagt.

HUGO VON HOFMANNSTHAL

280. TAG

Wir sehen uns durch das ganze Leben hindurch einer höheren Macht unterworfen, deren Wesen wir vom Standpunkt der exakten Wissenschaften aus niemals werden ergründen können, die sich aber auch von niemandem, der einigermaßen nachdenkt, ignorieren läßt.

MAX PLANCK

281. TAG

Die Weisheit des Ewigen hat uns die Zahl unserer Jahre verhüllt, aber er hat uns nicht völlig die besondere, von Geist und Leben bewegte Daseinsmöglichkeit verborgen, die wir erreichen können. Er schenkt uns Augenblicke, in denen wir wissen, was wir sein könnten, er bezeichnet uns Menschen, die offenbar auf uns gewiesen wurden, er gibt uns eine Ahnung von unserer Arbeit, die nie der eines anderen gleicht.

HEINRICH WOLFGANG SEIDEL

282. TAG

Jeden Augenblick des Lebens,
er falle, aus welcher Hand
des Schicksals er wolle, uns zu,
zum bestmöglichen zu machen,
darin besteht die Kunst des Lebens
und das eigentliche Vorrecht eines Wesens.

GEORG CHRISTOPH LICHTENBERG

283. TAG

Güte in den Worten
erzeugt Vertrauen,
Güte beim Denken
erzeugt Tiefe,
Güte beim Verschenken
erzeugt Liebe.

Laotse

284. TAG

Mache dir keine Sorgen um etwas,
das noch gar nicht eingetroffen ist;
aber frohlocke auch nicht darüber,
daß etwas, das du befürchtest,
bisher ausblieb.

Aus der altägyptischen
Weisheitslehre des Phibis

285. TAG

So wie der Körper, verlangt auch unser Geist immer wieder neue Nahrung. Wenn wir altern und nicht verkümmern wollen, dürfen wir darum nicht nur in der Vergangenheit leben.
Wir müssen vielmehr immer wieder in uns aufzunehmen suchen, was die Gegenwart unserm Geist an Nahrung bringt.

Robert Bettelheim

286. TAG

Im Glück nicht jubeln und im Sturm nicht zagen,
Das Unvermeidliche mit Würde tragen,
Das Rechte tun, am Schönen sich erfreuen,
Das Leben lieben und den Tod nicht scheuen
Und fest an Gott und bessre Zukunft glauben
Heißt leben und dem Tod sein Bittres rauben.

Karl Streckfuss

287. TAG

Großmut ist der beste Arzt.
Guter Wille selbst gegenüber denen,
die undankbar sind
und sich feindselig verhalten,
ist ein unerläßliches Element
seelischer Gesundheit.

Harry Emerson Fosdick

288. TAG

Seit ich den Lauf der Welt erkannt habe, sehe ich, daß es nur das Prinzip der gegenseitigen Hilfe ist, das den Fortschritt der Menschheit bewirkt. Die ganze Geschichte ist nichts anderes als die immer klarere Erkenntnis und die Anwendung dieses Prinzips der Solidarität aller Wesen.

Leo Tolstoi

289. TAG

Auch dein Leben hat einen Sinn,
auch dein Leben leitet
die Vorsehung: und glaube mir:
Jedes Menschenleben
hat einen besonderen Sinn.
Wer weiß, wie mancher Mensch
in deiner Umgebung lebt,
für den gerade du da bist,
ohne es zu wissen,
der gerade dein Gebet braucht,
dein Beispiel, deine helfende Hand,
dein freundliches Wort.

PETER LIPPERT

290. TAG

Spaß, Lachen und Freude gehören zu den billigsten und wirksamsten Heilmitteln der Welt. Nehmen Sie häufig größere Dosen davon ein. Das wird Ihnen nicht nur teure Medikamente ersparen, sondern auch dazu beitragen, daß Ihr Körper gesünder und Ihr Leben glücklicher wird.

CATHERINE PONDER

291. TAG

Genieß die Gegenwart
mit frohem Sinn, sorglos,
was dir die Zukunft bringen werde;
doch nimm auch bittern Kelch
mit Lächeln hin, vollkommen
ist kein Glück auf dieser Erde.

Quintus Horatius Flaccus

292. TAG

Die Lebenskunst
ist zweifellos die höchste aller Künste.
Gesegnet sei jedes Wort, jeder Gedanke
und jede Tat, die den Menschen im Innersten
froh, zufriedener und glücklicher machen.

Friedrich Baumgartner

293. TAG

Über ein Stündlein

Dulde, gedulde dich fein!
Über ein Stündlein
Ist deine Kammer voll Sonne.

Über den First, wo die Glocken hangen,
Ist schon lange der Schein gegangen,
Ging in Türmers Fenster ein.
Wer am nächsten dem Sturm der Glocken,
Einsam wohnt er, oft erschrocken,
Doch am frühsten tröstet ihn Sonnenschein.

Wer in tiefen Gassen gebaut,
Hütt an Hüttlein lehnt sich traut,
Glocken haben ihn nie erschüttert,
Wetterstrahl ihn nie umzittert,
Aber spät sein Morgen graut.

Höh und Tiefe hat Lust und Leid.
Sag ihm ab, dem törigen Neid:
Andrer Gram birgt andre Wonne.

Dulde, gedulde dich fein!
Über ein Stündlein
Ist deine Kammer voll Sonne.

PAUL HEYSE

294. TAG

Gesundheit, Glück, Wohlstand und geistige Erleuchtung – sie alle ergeben sich in einem friedvollen Bewußtseinszustand wie von selbst.
Die Menschen, die am friedvollsten sind, haben die größte Kraft.
Die wahrhaft Stärksten und Größten in unserer Welt sind unweigerlich die Friedlichsten und Stillsten. Ihre Kraft kommt aus ihrem inneren Frieden

CATHERINE PONDER

295. TAG

Was man anfängt, man fange es mit voller Seele, mit voller Kraft an; um desto eher ist es geendet, und ganz und mit voller Kraft kann man sich wieder einer anderen Sache widmen. Man würde weit mehr Zeit gewinnen, wenn es nicht zur Gewohnheit geworden wäre, so viele Dinge als Nebensache zu betrachten, die im Grunde mit viel weniger Zeit, aber ernstlich, besser vollbracht würden.

FRIEDRICH SCHILLER

296. TAG

Alles, was wir tun und was wir sind, ob wir glücklich sind oder unglücklich, ob sich an jedem Tag unser Leben erfüllt oder nicht, hängt davon ab, ob wir die Fähigkeit besitzen, unsere Entscheidungen richtig zu fällen.

GEORG B. WARNER

297. TAG

Wohl dem, auf dessen Grabgewölb zu lesen,
Ob auch gering war seines Schaffens Stärke:
„Sein Leben selbst ist seine Kunst gewesen,
Und seine Tage waren seine Werke."

OSKAR BLUMENTHAL

298. TAG

Ein erfülltes Leben
verlangt uneingeschränkten Einsatz,
und solcher Einsatz
bedeutet ebenso Mühsal wie Erfüllung.

NORMAN VINCENT PEALE

299. TAG

Wer wirklich gütig ist,
kann nie unglücklich sein;
wer wirklich weise ist,
kann nie verwirrt werden;
wer wirklich tapfer ist,
fürchtet sich nie.

KONFUZIUS

300. TAG

Aus dem Staunen entspringt der Dank. Wenn ein Mensch einen anderen liebt, dann empfindet er vor dem geliebten Menschen eine immer neue Verwunderung, und es kann sehr wohl ein Augenblick kommen, in welchem er in Wahrheit sagt: „Ich danke dir, daß du so bist; ich danke dir, daß es dich gibt."

ROMANO GUARDINI

301. TAG

Es sind tiefgehende Verwandlungen, die von uns verlangt werden und die wir zunächst an uns selbst vollziehen *sollen.* Was gehört dazu alles an Überwindungen! Und doch sind es wieder sehr alte Tugenden, die nur am neuen Lebensstoff bewährt werden müssen: Die Kraft der Selbstbeherrschung, der Verträglichkeit, der Toleranz, der Gerechtigkeit; Bezwingung des Neides auf brüchige, von Haus zu Haus vergänglich wandernde Güter; selbstlose Hilfsbereitschaft, feinste Kultur des Gewissens, Ehrfurcht vor dem Göttlichen in jedem Menschenwesen und in jeder Menschenart; Starkwerden im Geist jener Liebe, die zuletzt nicht von *dieser* Welt ist!

EDUARD SPRANGER

302. TAG

Wenn man es recht betrachtet: Was ist unser Verwundern denn anderes als Anbetung? Anbeten bedeutet Wert anerkennen. Etwas mit offenem Mund, ungläubigen Augen und voller Ehrfurcht zu bewundern ist das gleiche. Man durchstößt die Hülle der Dinge und läßt alles Schwerfällige hinter sich. Bewundern und anbeten heißt Eingang finden in das Wesen Gottes. Blicke empor zu den Sternen, schau nieder auf die Erde, sieh dich um nach deinen Brüdern – und staune über das Königreich, in dem wir leben.

WESTON A. STEVENS

303. TAG

Tut Euer Allerbestes –
und dann spannt Euren alten Regenschirm auf
und fangt den Regen der Kritik auf,
damit er Euch nicht hinten am Hals
hinunterläuft.

DALE CARNEGIE

304. TAG

Ohne die freudige, glaubensfrohe Macht der Begeisterung bleibt das nur materielle Dasein in nüchterner Zweckhaftigkeit stecken und versandet. Ohne das wägende, ordnende Bewußtsein verliert sich menschliches Hoffen und Ringen ins Reich der Träume. Der Mittelpunkt aber, von dem alle Ströme der Begeisterung und des Glaubens ausgehen und zu dem sie zurückkehren, ist die Liebe. Sie ist die Quelle, aus der alles Große entspringt. Ihre gleichermaßen enthusiastische, wie bildende Fähigkeit ist die Grundkraft, deren fortgesetzte Ausbreitung zum Ganzen edlen Menschentums führt.

OTTO MICHEL

305. TAG

Wer in Barmherzigkeit lebt, kennt keine Empfindlichkeit, keine Enttäuschung.
Er verschenkt sich einfach, sich selbst vergessend, freudig mit der ganzen Glut seines Herzens, frei – ohne Gegenleistung zu erwarten.

Roger Schutz

306. TAG

Ohne Mitleid im Herzen ist kein Mensch, ohne Schamgefühl im Herzen ist kein Mensch, ohne Bescheidenheit im Herzen ist kein Mensch. Mitleid ist der Anfang der Liebe. Schamgefühl ist der Anfang des Pflichtbewußtseins, Bescheidenheit ist der Anfang der Sitte. Recht und Unrecht unterscheiden ist der Anfang der Weisheit.

Mong Dsi

307. TAG

Erkenntnis

Willst du, o Herz! ein gutes Ziel erreichen,
Mußt du in eigner Angel schwebend ruhn;
Ein Tor versucht zu gehn in fremden Schuhn,
Nur mit sich selbst kann sich der Mann vergleichen!

Ein Tor, der aus des Nachbars Kinderstreichen
Sich Trost nimmt für das eigne schwache Tun,
Der immer um sich späht und lauscht und nun
Sich seinen Wert bestimmt nach falschen Zeichen!

Tu frei und offen, was du nicht willst lassen,
Doch wandle streng auf selbstbeschränkten Wegen
Und lerne früh nur deine Fehler hassen!

Und ruhig geh den anderen entgegen;
Kannst du dein Ich nun fest zusammenfassen,
Wird deine Kraft die fremde Kraft erregen.

GOTTFRIED KELLER

308. TAG

Wohl sollen wir uns freuen am Ertrag, den wir durch unserer Hände Arbeit verdienen. Wenn dieser Ertrag jedoch Selbstzweck wird, wenn wir allein auf dieses Ziel alle unsere Anstrengung ohne Freude und ohne Lust an der Sache selbst richten, betrügen wir uns selbst um den Sinn der Arbeit, die unser Leben bereichert.

HORST MÖNNICH

309. TAG

Je mehr ich nachdenke, desto mehr erstaune ich über mein Dasein, mein Werden, meine Führung; ich freue mich meines Seins und meiner Fähigkeit, über mein Dasein und meine Menschheit nachdenken zu können.

JOHANN KASPAR LAVATER

310. TAG

Das Glück des Lebens
besteht nicht in einzelnen
zuckenden Blitzen –
tausend Blitze machen
noch keinen Tag –
sondern in reiner, steter,
milder Heiterkeit.

JEAN PAUL

311. TAG

Gute Menschen machen die Schönheit
eines Platzes aus.
Wer die Wahl hat
und nicht unter guten Menschen wohnen bleibt,
wie kann der wirklich
weise genannt werden?

KONFUZIUS

312. TAG

Vom Standpunkt des Individuums aus gesehen ist jeder von uns das Bruchstück einer Art, ein Teil dieses Weltalls, ein einzelner Punkt im unendlichen Netzwerk der Kräfte und der kosmischen, heidnischen und geschichtlichen Einflüsse, deren Gesetzen wir gehorchen. Aber jeder einzelne ist auch eine Persönlichkeit, und als Persönlichkeit ist er den Sternen und Atomen nicht untertan, denn er lebt gänzlich von der Substanz seiner geistigen Seele, und diese ist in ihm ein Element der schaffenden Einheit, der Unabhängigkeit und der Freiheit.

JACQUES MARITAIN

313. TAG

Wer aufmerksam und unbeirrt
auf sein Leben achtgibt, muß
hundertmal an dem gewöhnlichen Tage
über die Wunder staunen, die sich um ihn,
vor allem in ihm ereignen.

HERMANN STEHR

314. TAG

Menschsein bedeutet Verantwortung fühlen; sich schämen beim Anblick einer Not, auch wenn man offenbar keine Mitschuld an ihr hat, seinen Stein beitragen, im Bewußtsein am Bau der Welt mitzuwirken.

ANTOINE DE SAINT-EXUPÉRY

315. TAG

Was es auch Großes
und Unsterbliches zu erstreben gibt,
dem Mitmenschen Freude zu machen
ist doch das Beste,
das man auf der Welt tun kann.

IMMANUEL KANT

316. TAG

Wichtig ist zweierlei:
daß man ein Herz für seine Mitmenschen hat und daß man nett zu ihnen ist. Freundlichkeit, das habe ich gelernt, ist das A und O des Lebens.

ISAAC BASHEVIS SINGER

Arthur Schopenhauer mit seinem Pudel.
Zeichnung von Wilhelm Busch.

317. TAG

Dort, wo der Weltgeist in stiller Größe waltet, immer neue Wunder schaffend, am Donner des schäumenden Wasserfalles oder beim Glanze jener leuchtenden Systeme, die über uns sich kreuzen, findet der wahre Mensch seine heiligsten Stunden.

GOTTFRIED KELLER

318. TAG

Je älter ich werde, um so tiefer wird meine Überzeugung von der Macht der Gedanken. Ich weiß, daß der Mensch Angst, Sorge und verschiedenerlei Krankheit vertreiben kann, indem er andere Gedanken in sich großzieht.

DALE CARNEGIE

319. TAG

Vertrauen ist für alle Unternehmungen
das große Betriebskapital,
ohne welches kein nützliches Werk
auskommen kann.
Es schafft auf allen Gebieten
die Bedingungen gedeihlichen Geschehens.

ALBERT SCHWEITZER

320. TAG

Sooft wir das Unsere dazu tun,
das Leben eines Menschen
angenehmer und interessanter zu machen,
so oft helfen wir zugleich,
die Kräfte des Guten in ihm
zu stärken und zu mehren.

SARAH CLEGHORN

321. TAG

In der Erinnerung erweist sich das Gute von seltsam größerer Beständigkeit als das Schlimme; im Gedächtnis vergangener Zeiten leuchtet das Freudige vor. Was bleibt einer Mutter aus den Kindertagen ihrer Kinder? Die Mühen und Sorgen – oder die eingestreuten entzückenden Freuden?

KARL FRIEDRICH BOREE

322. TAG

Dem modernen Menschen ist nämlich das Bewußtsein für die Farbigkeit der Güter verlorengegangen, die das Leben auch im engen Kreise schenkt. Alle kleiden sich in das Grau des Geldhabens. Die Bildsamkeit sollte vor allem dazu aufgerufen werden, daß der Mensch wieder empfänglich wird für Glücksgefühle, die nicht in Geld ausdrückbar sind.

EDUARD SPRANGER

323. TAG

Im Wechsel
von Steigen und Fallen
liegt der größte Reiz des Lebens,
da das Glück
nur durch den Vergleich offenbar wird.

AUGUST STRINDBERG

324. TAG

Wenn die Dinge sich verwickeln und einen Knoten bilden, so kommt eine Bestimmung vom Himmel und entwirrt sie. Habe Geduld; was dunkel war, wird hell werden, und der den Knoten geknüpft hat, wird ihn auch wieder lösen.

AUS TAUSENDUNDEINE NACHT

325. TAG

Wie ein kleiner Funke
ein großes Feuer entfachen kann,
so kann auch ein kleiner
Hoffnungsschimmer große Hoffnung wecken.

FREDERICK BADEN-WALDAUER

326. TAG

Bei glücklichen Menschen
fand ich immer als Grund
tiefe Geborgenheit, spontane Freude
an den kleinen Dingen
und eine große Einfachheit.

PHIL BOSMANS

327. TAG

Das gehört zu einem ganzen Menschen, daß er auch einmal aus Güte, aus Menschlichkeit, aus Herzenswärme und tieferer Einsicht fünf für Gerade sein und alle Prinzipien und Grundsätze fahrenlassen kann, außer dem einen: der Toleranz.

CURT ELWENSPOEK

328. TAG

Freiheit haben ist nur das,
was wir notwendig brauchen,
um das sein zu können,
wie wir eigentlich sein sollten
und zu haben,
was wir eigentlich haben sollten.

ANDRÉ GIDE

329. TAG

Dankbarkeit
erneut die Herrlichkeit der Dinge.
Sie ist es, die in ihnen erkennt
und anerkennt,
was sie an wahrer Kostbarkeit besitzen.

HENRY REGAMEY

330. TAG

Je reifer wir werden, je mehr Mühe wir darangeben, in die Tiefe des Daseins zu dringen, dorthin, wo uns der „fromme Schauder“ anrührt, um so tiefer öffnen sich die Werke der großen Kunst. Ein Hauch von den Geheimnissen, die darin unbegreiflich weben, rührt uns an und erhöht unser Leben. Im Weltlied der großen Kunst wird unsere Stimme wieder rein und menschlich.

WALTER BAUER

331. TAG

Der Wahrheit Rede ist von schlichter Art.
Das Recht bedarf gewiegter Künste nicht.
Es hat sein Maß. Doch ungerechtes Wort
ist krank in sich und heischt gelehrte Mittel

EURIPIDES

332. TAG

Des Lebens Kunst
Ist leicht zu lernen und zu lehren;
Du mußt vom Schicksal
Nie zu viel begehren.
Der, welchem ein bescheidnes Los genügt,

Hat einen Schatz, der nie versiegt.
Dem Unersättlichen in jeglichem Genuß,
Wird selbst das Glück zum Überdruß.

Ludwig Bechstein

333. TAG

Das eben ist der Liebe Zaubermacht,
Daß sie veredelt, was ihr Hauch berührt,
Der Sonne ähnlich, deren goldner Strahl
Gewitterwolken selbst in Gold verwandelt.

Franz Grillparzer

334. TAG

Ordnung, Fleiß und Verschwiegenheit
bringen einen Menschen
von gesundem, energischem Verstande
weiter als die besten Geistesgaben.

Earl of Chesterfield

335. TAG

An sich

Sei dennoch unverzagt, gib dennoch unverloren,
Weich keinem Glücke nicht, steh höher als der Neid,
Vergnüge dich an dir und achte für kein Leid,
Hat sich gleich wider dich Glück, Ort und Zeit verschworen.

Was dich betrübt und labt, halt alles für erkoren,
Nimm dein Verhängnis an, laß alles unbereut,
Tu, was getan muß sein, und eh man dirs gebeut.
Was du noch hoffen kannst, das wird noch stets geboren.

Was klagt, was lobt man doch? Sein Unglück und sein Glücke
Ist ihm ein jeder selbst. Schau alle Sachen an.
Dies alles ist in dir, laß deinen eiteln Wahn,

Und eh du förder gehst, so geh in dich zurücke.
Wer sein selbst Meister ist und sich beherrschen kann,
Dem ist die weite Welt und alles untertan.

PAUL FLEMING

336. TAG

Mache dich selbst glücklich! Das wirst du zustande bringen, wenn du einsiehst, daß alle wahren Werte in innigster Verbindung mit der sittlichen Vollkommenheit stehen und alles Schimpfliche Ausdruck schlechter Denkungsweise ist.

MARCUS ANNAEUS SENECA

337. TAG

Wer Frieden mit Gott hat,
der kann auch Frieden stiften
unter den Menschen.
Er weiß genau,
wieviel Geduld
Gott mit ihm gehabt hat,
ja noch jeden Tag hat.

MARTIN PÖRKSEN

338. TAG

Schläft ein Lied in allen Dingen,
Die da träumen fort und fort,
Und die Welt hebt an zu singen,
Triffst du nur das Zauberwort.

JOSEPH VON EICHENDORFF

339. TAG

Über die Wolken
führen keine Pfade,
wir müssen schon
den Weg auf der Erde nehmen.

CHINESISCHER SPRUCH

340. TAG

Gott ist eine Sprache ohne Sprache und ein Wort ohne Wort, und in ihm werden alle Geschöpfe lebendig und wachsam. Ein jedes Geschöpf ist Gottes voll und ist ein Buch.

MEISTER ECKEHART

341. TAG

Genieße, was du hast,
als ob du heute noch sterben solltest,
aber spar' es auch, als ob du ewig lebtest.
Der allein ist weise, der,
beides eingedenk, im Sparen zu genießen,
im Genuß zu sparen weiß.

Christoph Martin Wieland

342. TAG

Die einzige Freude auf der Welt
ist das Anfangen.
Es ist schön, zu leben,
weil leben anfangen ist,
immer, in jedem Augenblick.

Cesare Pavese

343. TAG

Unter allen Mitteln,
sein Glück zu machen,
ist das kürzeste und beste das:
die Leute klar erkennen zu lassen,
daß es in ihrem eigenen Interesse liegt,
wenn sie euch Gutes erweisen.

Jean de La Bruyère

344. TAG

Der Heiterkeit sollen wir,
wenn sie sich einstellt,
Tür und Tor öffnen, denn sie kommt
nie zu unrechter Zeit.
Heiterkeit ist unmittelbarer Gewinn.
Sie allein ist die bare Münze des Glücks.

Arthur Schopenhauer

345. TAG

Es gibt nur ein Mittel,
sich wohl zu fühlen, man muß lernen,
mit dem Gegebenen zufrieden zu sein,
und nicht immer das verlangen,
was gerade fehlt.

Theodor Fontane

346. TAG

Frage dich immer in jeder Lage deines Lebens,
ehe du handelst: wie könntest du hier
am edelsten, am schönsten,
am vortrefflichsten handeln?
Und was dein erstes Gefühl
dir antwortet, das tue!

Heinrich von Kleist

347. TAG

Freuden sind Geschenke des Schicksals, die ihren Wert in der Gegenwart erweisen. Leiden dagegen sind Quellen der Erkenntnis, deren Bedeutung sich in der Zukunft zeigt.

RUDOLF STEINER

348. TAG

Auch ein abgehauener Ast
wächst wieder,
auch der hingeschwundene Mond
nimmt wieder zu:
Kluge, die solches erwägen,
härmen sich
bei Widerwärtigkeiten nicht ab.

BHARTRHARI

349. TAG

Ich will hier sein, wie wir
überhaupt in der Welt sein sollten:
gefaßt, alle Augenblicke aufbrechen
zu können, und doch willig,
immer länger und länger zu bleiben.

GOTTHOLD EPHRAIM LESSING

350. TAG

Die wahre Schönheit
entdeckt man immer erst langsam.
Züge, die rasch als schön auffallen,
verlieren gewöhnlich bald.

WALDEMAR BONSELS

351. TAG

Eine Blume, die sich erschließt,
macht keinen Lärm dabei.
Auf leisen Sohlen wandeln die Schönheit,
das wahre Glück und das echte Heldentum.
Unbemerkt kommt alles, was Dauer haben wird.

WILHELM RAABE

352. TAG

Man kann nicht bergauf kommen, ohne bergan zu gehen. Und obwohl Steigen beschwerlich ist, so kommt man doch dem Gipfel immer näher, und mit jedem Schritt wird die Aussicht umher freier und schöner. Und oben ist oben.

MATTHIAS CLAUDIUS

353. TAG

Das Ziel eines Lebens
soll darin bestehen,
Die Summe von Freiheit und Verantwortung,
die in jedem Menschen und in der Welt liegt,
zu vergrößern.

ALBERT CAMUS

354. TAG

Wenn der Tag und die Nacht so sind,
daß du sie mit Freude begrüßt,
und das Leben dir duftet
wie Blumen und würzige Kräuter –
das ist dein Erfolg.

HENRY DAVID THOREAU

355. TAG

Wenn du recht schwer betrübt bist,
und du meinst, kein Mensch
auf der Welt könne dich trösten,
so tue etwas Gutes –
und gleich wird's besser sein.

PETER ROSEGGER

Konfuzius

356. TAG

Ich könnte stundenlang
mich nachts in den gestirnten Himmel vertiefen,
weil mir diese Unendlichkeit
fernher flammender Welten wie ein Band
zwischen diesem und dem künftigen Dasein
erscheint.

Wilhelm von Humboldt

357. TAG

Leben und Tod sind Rechte der Natur: daß man aber ohne Schande mit seinen Mitbürgern leben kann, im vollen Besitz seines guten Rufs und seines Vermögens, dies wird als Geschenk gegeben und empfangen.

Gaius Sallustius Crispus

358. TAG

Alles bewußte Schaffen
setzt ein bewußtloses schon voraus
und ist nur Entfaltung, Auseinandersetzung
desselben.

Friedrich Wilhelm Schelling

359. TAG

Genieße die Freude, die dir zuteil ward, und trage das Leid, das dir zuteil ward, warte ruhig ab, was die Zeit bringt, wie der Landmann es mit der Frucht tut.

MAHABHARATA

360. TAG

Auf der Angst ruht die Macht, das Reich des Bösen; darum steigert und verbreitet der Böse die Angst, wo immer er sein Reich begründen, ausbreiten, erhalten will.
Vor dem Frieden dessen, in dem Christus lebt, zerfällt die Angst und mit ihr das Gewaltreich des Widersachers und seiner Knechte.

REINHOLD SCHNEIDER

361. TAG

Unsere Zukunft ist schweigendes Land,
nicht Menschenwille es pflügt.
Jeder Tag kommt aus Gottes Hand
und das zu wissen genügt.

PETER LIPPERT

362. TAG

Jeder Tag ist ein neues Leben,
jedes Erwachen und Aufstehen
eine kleine Geburt,
jeder frische Morgen eine kleine Jugend.

ARTHUR SCHOPENHAUER

363. TAG

Das ist das Siegel des Menschenwertes: nicht wieviel Gut und Geld einer zurückläßt, noch wieviel Ruhm und Namen, sondern wieviel Leben er verbreitet, wieviel Liebe er gegeben und in andern Seelen geweckt hat.

DAVID FRIEDRICH STRAUSS

364. TAG

Ein jedes Jahr und eine jede Stunde dieses Jahres schlägt gleichsam mit eisernem Stabe an die Glocken der Seelen, um sie auf die Reinheit ihres Tones zu prüfen. Die Frage, die alles Geschehen an den einzelnen stellt, ist die unabweisliche Forderung der Geschichte an ihn.

REINHOLD SCHNEIDER

365. TAG

Wohin wird die Zeitenspur
Unsere Schritte lenken?
Diesmal scheint die Neujahrsuhr
helleren Klang zu schenken.

Noch sind Schatten nicht gebannt,
Doch die Augen finden
Neuen Halt am Lebensrand
Angst zu überwinden.

HERMANN KASACK

366. TAG

Sinnspruch

Das sind die Weisen,
Die durch Irrtum zur Wahrheit reisen;
Die bei dem Irrtum verharren,
Das sind die Narren.

FRIEDRICH RÜCKERT

Register

Quellenverzeichnis

S. 56 Fahsel, Helmut: in „gehört, gelesen“, München 1961
S. 77 Gräber, Conrad: in „gehört, gelesen“, München 1961
S. 121, 149, 179 Lippert, Peter: in „gehört, gelesen“, München 1961
S. 159 Maritain, Jacques: in „Universitas“, Stuttgart 1947, Heft 8
S. 155 Michel, Otto: in „Der Weg zur Humanität“, Heidelberg 1947
S. 6, 65, 83, 87, 115, 121 Murphy, Joseph: Der Weg zu innerem und äußerem Reichtum, Goldmann Verlag, München 1988
S. 38 Orlowsky, Otto: in „Die weiße Fahne“, Pfullingen 1960, Bd. 5
S. 6, 36 Oursler, Fulton: in „gehört, gelesen“, München 1961, 1
S. 44, 61, 122, 132, 153 Peale, Norman Vincent: Leben kann Freude sein, Goldmann Verlag, München 1988
S. 16, 41, 84, 149, 151 Ponder, Catherine: Ihr Weg in ein beglückendes Leben, Wilhelm Heyne Verlag, München 1989
S. 26, 154, 163 Spranger, Eduard: in „Universitas“, Stuttgart 1960, Heft 9
S. 39, 120 Taniguchi, Masaharu: Quelle des Lebens, Quelle der Freude.- Peter Erd Verlag, München 1984